JN085956

いとちりの

防災教育にGIS

伊藤 智章 著

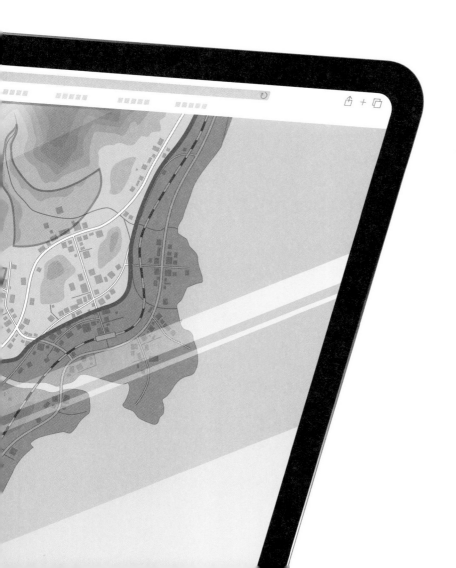

二宮書店

「いとちりの防災教育に GIS」 目次

はじめに

　本書は，二宮書店の学校教員向け雑誌『地理月報』で連載した記事をもとに，新たな書き起こし記事を加えてまとめたものです。GIS（地理情報システム）を使って日本の自然環境や災害について幅広く学ぶためのノウハウと事例を紹介しています。

　第1章では，高校の地理におけるGISと防災教育について，2022年度入学生から高校の新しい必修科目となった「地理総合」での扱いを例に解説します。

　GISは年度当初の単元で「紹介」と「体験」で終わり，「防災」は，巻末の単元で「危ないところ」の見つけ方を伝えて新旧地形図を比較して終わり。その他の時間はひたすらに「話し合い」や「調べ学習」，あるいは旧課程（特に地理B）の内容を網羅的に講ずる……学校によって先生によって内容も教え方もバラバラでは，「必修科目」にした意味がありません。このような状況を打破するためにも，改めて学習指導要領を読み返した上で，「地理総合」においてGISや防災をどう扱うべきかを検討します。

　第2章は，公開されている地理情報を無料のGISソフトウェアやウェブGISを使って地図化する方法のマニュアルです。「ハザードマップ」を自分で描き，用途に応じてカスタマイズする方法を紹介しています。地理の授業内で生徒に作業させても良いですし，「総合的な探究の時間」（総合学習）で取り組ませてもよいかと思います。また，先生が作図した地図を大判に引き伸ばして印刷してグループワークに使ったり，位置情報付きの地図画像としてタブレット端末やスマートフォンに送って野外調査の資料として活用する方法も紹介しています。

　第3章はケーススタディです。北海道から沖縄まで，過去に起きた災害の被災地の被害状況や復興のプロセス，現在の様子などをまとめています。縮尺や年代の異なる地図を比較することで災害の状況を可視化し，人口動態や社会属性の主題図を使って地域の課題を明らかにしました。また，可能な限り現地に足を運んで景観を確かめ，地元の方にお話しを伺うなどして「防災からみた日本地誌」をまとめました。

　第4章では，この先10年，20年先の地理教育の展望を行っています。既に次の学習指導要領（2033年4月から実施）に向けた動きは始まっており，新科目の「地理総合」と「地理探究」のあり方の議論も進んでいきます。「地理総合」「地理探究」という新科目の体制が持続するのかは，現場の教員の意識と技量にかかっています。地理のプロパーでもノンプロパーでも関係なく，ともに地理という科目を"強靱化"させていくことが必要です。

　本書は，主に高校で地理を教える先生方を対象に書きましたが，それ以外の方は，第3章から目を通していただくことをお勧めします。「ああ，こんな災害があったなあ」という場所や，誰でも知っている観光地や大都市の災害史や関連地図を見て，機会があれば現地に足を運んでみてください。観光コースからは見えてこない，地域のもう一つの顔が見えてくると思います。「この地図，どうやって描くのだろう？」というところに興味があれば，マニュアルの方にも目を通していただければ幸いです。

1章　「GIS」と「防災」は2トップ

―すべての高校生が学ぶ地理総合

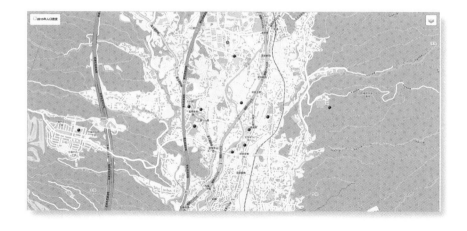

1-1 「地理総合」の３つの柱と ３つのステージ

2022年度から開始となった高校地理の必修科目「地理総合」。約30年ぶりの再必修化が実現し，高校地理教員としては「ようやく…」という思いがある一方で，「大丈夫かな…？」という心配もあります。まずは，「地理総合」でその扱いが大きなウエイトを占めることになった「GIS」と「防災」の位置づけを再確認し，そのなかで本書籍を位置づけてみたいと思います。

❶ 新学習指導要領の「３つの柱」 地理総合の「３つのステージ」

新学習指導要領（**図1**）には，各教科・科目の共通の土台となる「３つの柱」があります。すなわち，①「**何を理解しているか，何ができるか**」（生きて働く「知識・技能」の習得），②「**理解していること・できることをどう使うか**」（未知の状況にも対応できる「思考力・判断力・表現力等」の育成），③「**どのように社会・世界と関わり，よりよい人生を送るか**」（学びを人生や社会に生かそうとする「学びに向かう力・人間性等」の涵養）の３つです。「３つの柱」の上に各教科・科目の目標があり，その上に学習単元が置かれています。

「３つの柱」の上に，「地理総合」で学ぶ各単元を乗せると，**図2**のような形で示すことができます。最も土台に近い基礎の部分に「**A 地図や地理情報システムで捉える現代世界**」があ

り，その上の段に「**B 国際理解と国際協力**」が，一番上の段に「**C 持続可能な地域づくりと私たち**」があります。授業で扱う順番も学習指導要領で定められており，特に「A 地図や地理情報システム」は，地理総合の授業の始めに扱うことを求めています。地図や地理情報システムは，学習指導要領の「３つの柱」の理念と高校地理の各単元の学習をつなぐ基盤であり，各単元の学習が拠って立つ土台です。

❷ 「地理総合」の理想と現実

ただ，「地理A」や「地理B」における地理情報システムの利用状況や，「地理A」における「自然環境と防災」の扱いを鑑みると，「地理総合」で掲げる理想を実現させるためには，まだまだ相当な努力が必要です。**図3**は，旧指導要領下での地理情報システムや防災の扱いのまま「地理総合」が行われた場合の模式図です。各単元が別々に扱われ，相互の重なりはありません。「地図・地理情報システム」を最初にほんの少しだけ取り上げた後，授業の大部分を「国際理解・国際協力」に充て，最後に地形図の読図を中心とした「持続可能な地域」を取り上げる流れは，現行の「地理A」に準じています。特に「国際理解・国際協力」の単元は，「地理A」の「現代世界の特色と諸課題の地理的考察」の内容を

新課程「地理総合」（2単位）
A 地図や地理情報システムで捉える現代世界
(1) 地図や地理情報システムと現代世界

B 国際理解と国際協力
(1) 生活文化の多様性と国際理解
(2) 地球的課題と国際協力

C 持続可能な地域づくりと私たち
(1) 自然環境と防災
(2) 生活圏の調査と地域の展望

旧課程「地理A」（2単位）
(1) 現代世界の特色と諸課題の考察
ア 地球儀や地図からとらえる現代世界
イ 世界の生活・文化の多様性
ウ 地球的課題の地理的考察
B 国際理解と国際協力
ア 日常生活と結びついた地図
イ 自然環境と防災
ウ 生活圏の地理的な諸課題と地域調査

旧課程「地理B」（4単位）
(1) 様々な地図と地理的技能
ア 地理情報と地図
イ 地図の活用と地域調査

図1 「地理総合」の単元に対応する現行学習指導要領の単元（文部科学省資料を改変）

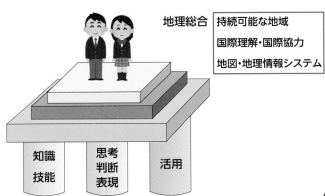

地理総合　持続可能な地域
国際理解・国際協力
地図・地理情報システム

| 知識 技能 | 思考 判断 表現 | 活用 |

図2 「3つの柱」と「3つのステージ」の関係①（筆者作成）

図3 「3つの柱」と「3つのステージ」の関係②（筆者作成）

引き継いでいるという認識を持つ地理プロパー先生は，「とにかく世界地誌を一通り教えなくては」「人口や都市問題，環境問題などを扱うには系統地理的な知識が不可欠だ」という意識（使命感）から，この単元を厚く，細かく扱おうとするかもしれません。逆に，初めて高校地理を担当する先生は「何はともあれ世界地誌をやっておけば大丈夫だろう」あるいは「分担を決めて国調べと発表をさせればいいだろう」と，必要以上に多くの時間を割いた上で，学習を生徒任せにしてしまうかもしれません。

新学習指導要領で基礎・基本として位置付けられている「地図・地理情報システム」を薄く狭く扱い，逆に学習指導要領には書かれていない地誌や系統地理を厚く広くとり，「3つの柱」の上に別々かつ凸凹に乗せても不安定極まりないですし，「地理探究」の学習を乗せようと思う生徒も先生も増えないと思います。

❸ 本書のねらい

「地理総合」は，既存の「地理A」，「地理B」とは似て非なる新しい科目です。しかし，必ずしもそれが現場に浸透しているとは言えません。もしもこの記事を読まれているあなたが地理の専門の先生でなかったら，あるいは若い地理の先生だったら，身近にいる地理の先生に

「先生，"地理総合"ってどんなことをするんですか？」と聞いてみてください。「ああ，必修の2単位ものさ。地理Aみたく地誌をやればいいんだよ」とか，「ああ，総合だの探究だの分かれるけど，うちには関係ないよ。受験で使う生徒は"地理B"の内容を2年かけてやればいいし，そうでない子は教養の地理ね」というような答えが返ってくるようでしたら，残念ながらその先生の「プロパーの壁」は相当高い（しかもそれを自覚していない）と思ってください。「くっ，なかなか痛いところをつくな」と苦笑されている地理プロパーの先生は，新学習指導要領の「地理総合」・「地理探究」の本文と解説をお読みください。

デジタル地図や位置情報サービスの普及が大きく進み，生徒のスマートフォンからでも簡単にアクセスすることができるようになりました。単に「GISソフトウェアの使い方を教える」「地形図や空中写真を読んで危ないところを探す」「生徒の身近な地域のみを調べる」といった断片的な授業ではなく，最新の技術や知見に目を配りつつ，生徒に考えるきっかけを提供し，授業が終わった後も使ってみたい，考えてみたい，実際に現場に足を運んでみたいと思えるような教材を提案することで，必修「地理総合」の授業に貢献できればと思います。

1-2　ハザードマップと地理教育

　「防災と地理」の関係を考える上で欠かせないのが，ハザードマップです。「防災地図」「被害予測地図」などと訳されることもあります。ハザードマップの定義について，国土地理院は，「自然災害による被害の軽減や防災対策に使用する目的で，被災想定区域や避難場所・避難経路などの防災関係施設の位置などを表示した地図」としています。「災害予測図」だけでなく，過去の水害記録や津波の到達範囲を示した「災害実績図」も広い意味でのハザードマップに入ります。

　そもそも，ハザードマップとは，どのような地図なのでしょうか。また，地理教育においてハザードマップを扱う意義は何でしょうか。ハザードマップの歴史をひもといて考えてみましょう。

① 元祖・ハザードマップ

　「災害予測地図」としてのハザードマップが初めて作られたのは1956年（昭和31年）日本でです。終戦後の荒廃した国土で相次いだ水害に対処するために，内閣総理大臣直轄の機関として総理府資源調査会土地部会水害小委員会が設置され，多田文雄委員長（地理学者・東京大学教授）と大矢雅彦委員（建設省技官を経て後に早稲田大学教授：当時は東京大学大学院生）が「濃尾平野水害地形分類図」を発表しました。報告のなかで2人は「平野は洪水の繰り返しによって形成されるのだから，平野の地形の分布を調べれば，その地形を作った洪水の歴史が示され，将来洪水が発生したらどのようなことが起こるかわかる」という明快なコンセプトを示した上で，地形図の等高線では表現されない1m未満の微細な土地の起伏や堆積物に含まれる土壌の水分条件を空中写真から読み取り，伊勢湾岸から岐阜市付近までの地形を「扇状地」（上位・下位）「三角州」（自然堤防・後背湿地・旧流路・低平地）などで色分けし，洪水や高潮による浸水可能性の高い範囲を明示しました。

　それから3年後の1959年（昭和34年）9月26日，「伊勢湾台風」が当地を襲い，死者・行方不明者合わせて5,098人にのぼる大惨事をもたらしました。1年後の1960年（昭和35年）10月11日の中日新聞は，「地図は悪夢を知っていた」の見出しで，多田らの水害地形分類図を大きく取り上げ，注目されました。

　伊勢湾台風をきっかけに，当時の岸信介内閣は，建設省地理調査所（現在の国土地理院）に「水害地形分類図」の整備を命じました。以来，国土地理院では全国の一級河川の水害地形分類図（のちに治水地形分類図）や「土地条件図」，「活断層図」など，ハザードマップ作製の基礎情報となる地図や災害の被害状況を地図にしてきました。これらの地図は，国立研究開発法人防災科学技術研究所の「水害地形分類図アーカイブ」から，ウェブGISとして閲覧することができます。「濃尾平野水害地形分類図」（1956年）と1960年に作成された「伊勢湾台風被害状況図」を並べて比較してみると（図❶），高潮の到達範囲と三角州帯が一致し，台地や自然堤防帯では浸水を免れ，比較的浅い浸水深になっていることがわかります。

図1 GISで表示した「元祖・ハザードマップ」
左：「濃尾平野水害地形分類図」（1956年），右：「伊勢湾台風被害状況図」（1960年）
国立研究開発法人防災科学技術研究所のウェブサイト，「水害地形分類図デジタルアーカイブ」より
https://ecom-plat.jp/suigai-chikei/index.php

その後，1960年に北海道の駒ヶ岳を皮切りに，活火山の噴火予測と想定被害に関するハザードマップが作られ，1975年に東京都が地震の危険度を地図上で公開（現在は2023年に公開された第9回が最新）するなど，ハザードマップの範囲は水害以外の災害に広がって行きました。2005年に水防法が改正され，浸水想定地域を持つ市町村（当時1,342市町村）に作成が義務化され，また，2014年11月には土砂災害防止法が改正され，都道府県による調査の徹底と，調査終了後速やかな危険地域の指定と速やかな公表が義務付けられました。国土交通省の「ハザードマップポータルサイト」（https://disaportal.gsi.go.jp/index.html）から全国各地のハザードマップの閲覧やデータのダウンロードができます。

2 ハザードマップの限界と地理教育の役割

災害のリスクを可視化し，避難や救助の指針を得るのに利用されるハザードマップですが，様々な課題も指摘されています。ハザードマッ

プの災害予測は絶対に正しいとは限りませんが，危険箇所の指摘を絶対視しがちです。また，本来ならば危険箇所として指定され，表記されなければならない箇所であるにも関わらず，土地の価格が下落することを懸念する住民の反対から表記されないような場合もあります（2014年8月20日に発生した広島市安佐南区阿武山南麓地域：p.126を参照）。

地理における防災教育では，こうした「ハザードマップの限界」を理解した上で，地図や空中写真，各種地理情報を使って分析し，検討する作業ができます。「元祖・ハザードマップ」の作者のように，自らマップを描いてみることで，災害のリスクに対する感覚を磨くことは，地理だからこそできる防災教育と言えますし，地理教育の使命の一つだと思います。

参考文献
鈴木康弘編（2015）『防災・減災につなげる ハザードマップの活かし方』，岩波書店，240p.

1-3 「地理」だけではない防災教育

① [防災] を扱う教科・科目

　新学習指導要領における高等学校地理で重要な柱となる「防災」（持続可能な地域）ですが，地理の授業だけで取り扱われるわけではありません。ただ，学習の単元として大きく位置付けられているのは地理だけです。授業を行う教員も，防災教育の内容や技術に精通することはも

ちろん，その道の専門職や関連業界と積極的なつながりを持つことにより，常に最新の情報を生徒に伝えていきたいものです。

　表1は，高等学校の新学習指導要領（2022年度入学生より実施）において，地理歴史科以外で「防災」が関係する教科・科目と関連する単元についてまとめたものです。幅広い教科・科目で取り上げられていることがわかります。

表1　高等学校の各教科と防災教育

教科・科目	単元	内容
保健体育	(2)　安全な社会生活 　　(ア) 安全な社会づくり 　　(イ) 応急手当	安全な社会生活について，安全に関する原則や概念に着目して危険の予測やその回避の方法を考え，それらを表現すること。
理科 （科学と人間生活）	(エ)　宇宙や地球の科学 　　(イ) 自然景観と自然災害	自然景観と自然災害に関する観察，実験などを行い，身近な自然景観の成り立ちと自然災害について，人間生活と関連付けて理解すること。
理科 （物理基礎）	(2)　様々な物理現象とエネルギーの利用 　　(オ) 物理学が拓ひらく世界	交通，医療，情報通信ネットワーク，建築，防災など，日常生活や身近な環境への物理学の成果や応用に着目する。
理科 （地学基礎）	(1)　地球のすがた 　　(イ) 活動する地球 　　(ア) プレートの運動 　　(イ) 火山活動と地震	プレートの分布と運動について理解するとともに，大地形の形成と地質構造をプレートの運動と関連付けて理解すること。
理科 （地学基礎）	(2)　変動する地球 　　(イ) 地球の環境 　　(イ) 日本の自然環境	日本の自然環境を理解し，それらがもたらす恩恵や災害など自然環境と人間生活 との関わりについて認識すること。
理科 （地学）	(2)　地球の活動と歴史 　　(ア) 地球の環境 　　(ア) プレートテクニクス 　　(イ) 地震と地殻変動 　　(ウ) 火成活動	プレートテクニクスとその成立過程，世界の震源分布についての資料に基づいて，プレート境界における地震活動の特徴，島弧－海溝系における火成活動の特徴を，マグマの発生と分化及び火成岩の形成を理解すること。

教科・科目	単元	内容
家庭科 （家庭基礎）	(3) 住生活と住環境	ライフステージに応じた住生活の特徴，防災などの安全や環境に配慮した住居の機能について理解し，適切な住居の計画・管理に必要な技能を身に付けること。 住居の機能性や快適性，住居と地域社会との関わりについて考察し，防災などの安全や環境に配慮した住生活や住環境を工夫すること。
家庭科 （家庭総合）	(3) 住生活の科学と文化	主体的に住生活を営むことができるようライフステージと住環境に応じた住居の計画，防災などの安全や環境に配慮した住生活とまちづくり，日本の住文化の継承・創造について考察し，工夫すること。

　プレートテクトニクスや地震，火山については，理科の地学分野で詳しく扱うことは周知の事実ですが，災害に強い環境づくり（住生活・住環境）については，保健体育と家庭科で単元を設けられています。家庭科の学習指導要領解説では，「ハザードマップの読み取り・作成」についての記述もあります。

　家庭科（家庭基礎），保健体育科は必修科目であり，理科は「地学基礎」「生物基礎」「物理基礎」の3科目か，各基礎科目から1科目と「科学と人間生活」の2科目を必修としていますので，「地理総合」を学ぶ高校生たちは，これらの科目の学習のなかで，自然環境のメカニズムや災害に強い生活環境の構築について知識を得て，探究する授業を経験していることになります。「地理総合」がどの学年次に置かれるかにもよりますが，教科間の連携や「総合的な学習の時間」などを活用しながら防災教育を進めていく必要があるでしょう。

② 「地理歴史科・地理」の立ち位置

　防災教育は地理の専売特許ではないとはいえ，学習指導要領のなかで「防災」の単語が最も多く登場するのが「地理総合」と「地理探究」です。特に「地理総合」は必修科目でもあり，高等学校における防災教育の要となることは間違いありません。それ故に，「地理総合」に携わる先生は，生徒にわかりやすい教材を作ると同時に，その教材や学習の成果を他教科の先生とも共有し，協働することが求められると思います。

　例えば，「地理総合」の時間にグループワークで製作したハザードマップを体育の時間に外に出る際に使ってみる，家庭科の時間に子育て世代や高齢者の目線から住みよい街づくりについて地図を活用して検討する，地学基礎と共同で，自然景観の観察や自然災害に関する実験を行うこと，などが考えられます。その際に，GIS（地理情報システム）で作成したデジタル地図や画像，動画は有用な教材になります。地理の先生は地図の専門家として，地理情報のスペシャリストとして，学校内で確固たる地位を占めることができますし，地域の安全や，住みよい街づくりのためのヒントを求める地域住民と学校をつなぐリーダーとしての役割が大きく期待されます。

1-4 「オートマ」と「マニュアル」
―避難所分布図を描いてみる

　システム開発の分野の用語に「ブラックボックス化」という言葉があります。内部構造や動作原理をさかのぼって解明できなくなることをいいますが，私たちが日々使っている電子機器や機械など，ありとあらゆる道具がブラックボックス化しています。

　地理の分野で言えば，スマホやパソコンで使う住所検索（住所を入力すれば地図に表示され，道順まで案内される）も，どんな仕組みで動いているか全く分からない人が多いと思います。逆に，その仕組みを説明し，多少の手間暇をかけてでも体験的に理解してもらうことは，学校の地理の授業において大切なことだと思います。日本ではほとんどの人がオートマチック車に乗っているにもかかわらず，自動車教習所ではマニュアル車での教習が行われている（しかもあえてそれを受講する人も少なくない）ように，GISを使った地理の学習の最初に，原理や仕組み，そしてある程度の「エンスト」の体験はしてもらうのが望ましいと思います。

1 住所をもとに分布図を描く～ジオコーディング

　図1は，埼玉大学の谷謙二先生（2022年逝去）によるジオコーディングサービスのウェブサイトです。ジオコーディングする住所録は何でもいいのですが，防災教育と関連させるのであれば，自治体が公開している避難場所の一覧がよいでしょう。サンプルに，静岡県裾野市が公開しているオープンデータ（統計ソフトやGISで

二次利用することを前提とした形で公開されているデータ）「広域避難地・市指定避難所」をウェブサイト（**図2**）からダウンロードし，住所を1列目，施設名を2列目に並べた静岡県裾野市の避難所一覧を作ってみました（**図3**）。

　住所と施設名の箇所をコピーして，ウェブ上の入力画面に貼り付ければ，住所に対応する緯度・経度が出力され，地図上に「広域避難地・市指定避難所」の分布が表示されます（図

図1　ウェブサイト「ジオコーディング・マッピングサービス」
https://ktgis.net/gcode/geocoding.html

図2　裾野市オープンデータのダウンロードページ
https://linkdata.org/work/rdf1s1009i

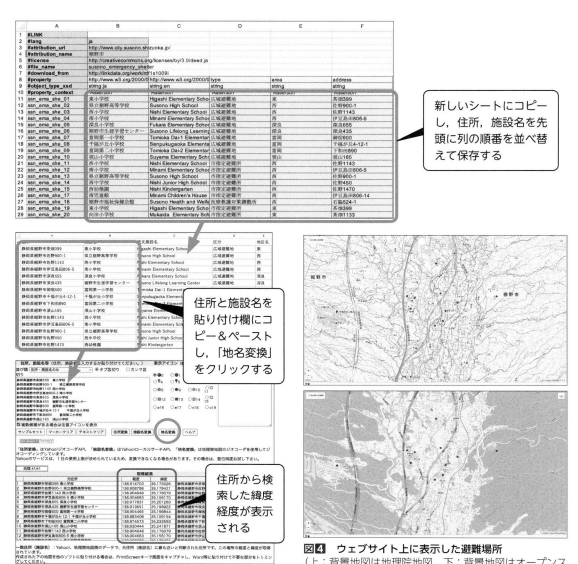

新しいシートにコピーし，住所，施設名を先頭に列の順番を並べ替えて保存する

住所と施設名を貼り付け欄にコピー＆ペーストし，「地名変換」をクリックする

住所から検索した緯度経度が表示される

図❸　避難所の住所から緯度・経度を取得する方法

図❹　ウェブサイト上に表示した避難場所
（上：背景地図は地理院地図，下：背景地図はオープンストリートマップ）

❹）。ただ，住所表記の仕方に誤りがあったり，情報が不十分であったりすると，エラーが出ます。また，該当する住所に複数の候補があり，特定できないと返されることもあります。例えば，「千福ヶ丘4」という住所でエラーとなる場合は，「千福ヶ丘4番地」と「千福ヶ丘四丁目」の区別がつかない場合や，「千福が丘四丁目」が正しい表記である場合などが考えられます。エラーになった地点をよく確認し，正しい住所に修正するとよいでしょう。

最初から緯度・経度による位置情報を持ったリストがあれば，正確に地図表示ができます。自治体によっては緯度・経度情報を含んだリストをオープンデータとして公開しているところがある一方で，PDFファイルのみで公開されていて，位置情報と紐づけられていないものも少なくありません。各自で自分の住む町の避難場所マップを作らせてみることで，自治体の防災情報の公開に対する意識の違いを浮き彫りにできるかもしれません。

1-5 読図から作図へ
―災害理解から地図表現へ

「自然環境と防災」は，旧学習指導要領（平成20年版）の「地理A」に初めて登場した単元です。平成30年版の学習指導要領改訂では「地理総合」に受け継がれましたが，学習の内容と学習の方法について大幅な加筆がありました。そこで，新旧の学習指導要領における「自然環境と防災」を比較してみました（**表❶**）。

「地理A」では，学習の対象を「我が国」として国内の自然災害を対象としています。これに対して「地理総合」では，対象を「我が国をはじめ世界で見られる自然災害や生徒の生活圏で見られる自然災害」としています。

同じ規模の地震や風水害でも，その国の社会インフラの整備状況や情報の集約，救援体制の

表❶ 新旧学習指導要領における「自然環境と防災」単元の内容比較

	旧学習指導要領「地理 A」	新学習指導要領「地理総合」
「自然環境と防災」単元学習の目標	我が国の自然環境の特色と自然災害について理解するとともに，国内にみられる自然災害の事例を取り上げ，地域性を踏まえた対応が大切であることを考察させる。	人間と自然環境との相互依存関係や地域などに着目して，課題を追究したりする活動を通して，次の事項を身に付けることができるよう指導する。
具体的な学習活動		【知識・技能】 ㋐ 我が国をはじめ世界で見られる自然災害や生徒の生活圏で見られる自然災害を基に，地域の自然環境の特色と自然災害への備えや対応との関わりとともに，自然災害の規模や頻度，地域性を踏まえた備えや対応の重要性について理解すること ㋑ 様々な自然災害に対応したハザードマップや新旧地形図をはじめとする各種の地理情報について，その情報を収集し，読み取り，まとめる地理的技能を身に付けること。 【思考・判断・表現】 　地域性を踏まえた防災について，自然及び社会的条件との関わり，地域の共通点や差異，持続可能な地域づくりなどに着目して，主題を設定し，自然災害への備えや対応などを多面的・多角的に考察し，表現すること。

図❶ 「マップボランティア」によって地図上にプロットされた，ハイチのポルトープランス市街における避難者
キャンプおよび救護所の分布（2010年1月17日）
"WikiProject Haiti/Earthquake map resources"
https://wiki.openstreetmap.org/wiki/WikiProject_Haiti/Earthquake_map_resources

充実度の違いによって被害は大きく異なりま
す。特に，発展途上国において都市から離れた
地域が被災地になった場合は，正確な被害状況
の把握もままならないまま，甚大な被害をもた
らすことが少なくありません。外国の災害を含
めたケーススタディを通じて考えるとともに，
自ら地図を描き，共有することで新たな学びの
形を生み出します。

　2010年1月12日，カリブ海の島国ハイチで
M7.0の地震が発生しました。死者が31万6千
人に及ぶ大災害になりましたが，当時無政府状
態に近かった被災地では被害状況の把握もまま
ならず，各国の緊急援助隊の活動にも支障をき
たす状況でした。こうした事態を受けて，世界
中の「マップボランティア」達が緊急撮影され
た高精度衛星画像をトレースして地図化する活
動が行われました（**図❶**）。

「地図のWikipedia」といわれる「オープン
ストリートマップ」を使って共同で地図を製
作・更新する活動は，「クライシスマッピング」
として，翌年の東日本大震災や，2015年のネ
パール地震などでも盛んに行われました（伊藤
2010）[1]。情報を集めて地図化し，社会に還
元する活動は，世界につながります。「読図」
指導から「作図」そして「共有」へ。「地理総合」
の「自然環境と防災」は，新しい地理教育の核
となっていくのではないでしょうか。

参考文献
1）伊藤智章（2010）「いとちり式 地理の授業に
　GIS（番外編2－地図でハイチを救え！－世界が動
　いたGISボランティア），地理55（3），126~129.
　http://itochiriback.up.seesaa.net/image/
　chiri201003-accb1.pdf）

コラム1　「地理基礎」？「地理総合」？

　学習指導要領は，およそ10年に1回改訂が行われます。高等学校の場合，次の学習指導要領の実施は2032年となる見通しです。当分先のように思いますが，現行の学習指導要領をめぐる議論が実施の10年以上前からかなり具体的に行われていたことを考えると，次期学習指導要領に向けた改善策を検討することは，決して早すぎることではないと思います。

　「高校地理必修化」の機運が大きく盛り上がった2つの「事件」があります。一つは2006年の年末に発覚し，日本中を騒がせた「世界史未履修問題」です。翌年，日本学術会議内に「高等地歴科教育に関する分科会」が設置され，約5年間の議論や研究指定校の実践研究を経て，高等学校の必履修科目として**「地理基礎」「歴史基礎」**を2単位ずつ設置することが明記されましたが，日本学術会議の再提言を受けて，学習指導要領では**「地理総合」**になりました（「地理基礎」⇒「地理総合」に至る詳しい経緯については井田：2016を参照）。

　もう一つは，日本地理学会が2008年3月に発表した高校生・大学生を対象とする調査です（日本地理学会：2008）。対象生徒の41％が白地図上で宮崎県の位置が言えず（地理履修者は40.4％），イラクの位置が言えない生徒が27.7％（地理履修者は20.1％）という結果で，当時，宮崎県知事を務めていた東国原英夫氏が「宮崎はココやが！」とプリントしたTシャツ（**左図**）を作ってPRし，話題になりました。当時はあまり話題にはなりませんでしたが，「地理を履修していてもしていなくても地名や位置を理解していない高校生の割合はさして変わらない」という結果に，筆者自身は「やっぱりな」という思いを抱きました。

　右下の図は筆者が今年担当している高校2年生の授業開きで描いてもらった「知っている国と知っている県の塗りつぶし」です。「白地図ぬりぬり」というウェブアプリで描いてもらいました。どの生徒もだいたいこのような状況です。覚えるべきこと，身につけるべきことを明示し，定着させて初めて「アクティブ」な学びが成り立つのではないかと思います。

　その点を踏まえると，「地理総合」は「地理基礎」にするべきだと思いますし，現行の単元や学習は「地理探究」に回した上で，生徒に選択の機会を保証する（特に普通科高校の文系）ことを議論していくことが，次の改訂に向けて必要なことだと思います。

分かる　21
分からない　175

井田仁康（2016）：高等学校「地理」の動向と今後の地理教育の展望. 人文地理，68-1，pp. 66-78.
日本地理学会（2008）「大学生・高校生の地理的認識の調査報告」
https://www.ajg.or.jp/wp-content/uploads/2021/04/chirikyouiku20080319.pdf

2章 「ハザードマップ」を作ってみよう
─身近なリスクと地域課題を考えるために

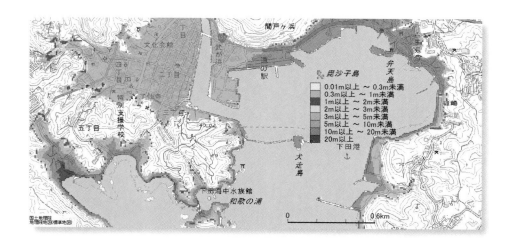

2-1 ハザードマップを手に入れよう
―現物とデータ

　防災についての学習を始めるにあたり，まず扱いたい教材がハザードマップです。ハザードマップが表わしている情報を読みとること，そしてその情報がどこから得られるのか，どんな形で構成されているのかを知った上で，自分で再構築してみることで，対象となる地域の特性や災害のリスクを論理的に説明できるようになります。数学で言う「因数分解」をした上で，使うデータを取捨選択し，「公式」に基づいて計算し，最後に「グラフ」に表わすような作業と言えます。「グラフ」は手描きでもいいですが，GISソフトウェアを使えばより速く，たくさんの地図を描くことができますし，何度も試行錯誤が可能です。ただ，何かと制約もありますので，ある程度のところまで先生が作っておいて，最後の作業はアナログにしてもよいと思います。

　本章では，生徒が自分でハザードマップを加工し，自分でハザードマップを作ることができるようになるためのプロセスについて解説します。材料の調達から分解，組み合わせと作図，出力と利用までを説明します。

❶ ハザードマップポータルサイトから地図を探す

　まず，ハザードマップにはどのようなものがあるかを確認してみましょう。国土交通省が運営する「ハザードマップポータルサイト」（https://disaportal.gsi.go.jp/）は，全国の自治体が作成・公開しているハザードマップの総合リンク集になっています（図1）。

　生徒の身近な地域の自治体は，どのようなハザードマップを公開しているかを調べたい時は，画面右側の「わがまちハザードマップ」を使います。都道府県，市町村を選べば目的の自

図1 国土交通省ハザードマップポータルサイトのトップ画面

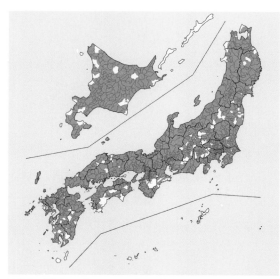

図2 「洪水ハザードマップ」の整備状況（2023年12月）

図3 「津波ハザードマップ」の整備状況（2023年12月）

治体のハザードマップ集へリンクします。まず
は生徒に自分達の住んでいる自治体ではどのよ
うなハザードマップを出しているか（出してい
ないか）を調べてみましょう。

　ハザードマップポータルサイトでは，特定の
テーマのハザードマップをどの自治体が出して
いるか（出していないか）を簡単に調べること
ができます。「わがまちハザードマップ」の画
面から「地図で選ぶ」ボタンをクリックし，「災
害種別から選択する」のリンクを選ぶと，各災
害に対応したマップの整備状況が白地図上に表
示されます。

　図2・図3は，全国の「洪水ハザードマップ」
の整備状況を表示したものです。2001年6月
に行われた水防法の改正により，国および都道
府県は，洪水が予想される河川に対して浸水想
定区域をシミュレートして公表することが義務
付けられました。強制力はありませんが，「空
白域」が目立つ地域も見られます。2015年5
月には，水防法の一部改正と下水道法の一部改
正を受けて内水氾濫（下水道や用水路など，河
川に排水できずに発生する氾濫）と地下街の浸

水に対する情報提供の推進が定められました
が，「内水氾濫マップ」の整備状況は十分では
ありません。また，「津波ハザードマップ」を
見てみると，沿岸部のほとんどの自治体が整備
しているなかで，整備していない自治体もあり
ます。ハザードマップを整備しない自治体はな
ぜ整備しない（できない）のか，整備している（し
ていない）自治体の地理的分布の特徴としてど
のようなことが言えるのか，災害が予想される
にもかかわらず，ハザードマップが用意されて
いない地域に災害のリスクを伝えるにはどうす
ればいいのかなど，「探究」のテーマにしてみ
てもいいかもしれません。

　ハザードマップポータルサイトの表紙から
「重ねるハザードマップ」を開くと，ウェブ上
の地形図上に洪水想定水深や津波の被害想定を
表示できます。後述する「地理院地図」のサイ
トで実際の被害状況と比較する形で，使い方に
ついて改めて検討します。

② ハザードマップの表示と画像ファイルに変換する

　次に，目的の地域とテーマでハザードマップを表示し，画像ファイルとして保存します。

　自治体が公開しているハザードマップの形式はPDFファイルが多いですが，解像度を大きめにとった画像ファイルに変換した方が加工するのに便利です。

　まず，対象となる市町村とハザードマップを選びます。ハザードマップポータルサイトから対象となる災害を選び，自治体の地図をクリックすると，関係するホームページにリンクしますので，リンク先を開きます。例として，京都市水害ハザードマップの右京区編を開いてみました。観光地「嵐山」で知られる桂川の流域です。

　ブラウザでPDFファイルを開いている状態から，PDFファイルをダウンロードします。「Google Chrome」ならば右上の「ダウンロード」ボタン，「Microsoft Edge」ならば「ファイル」から「名前を付けてページ保存」を選びPDFファイルをダウンロードします。

　次に，ダウンロードしたPDFをフリーソフト「Acrobat Reader」で開きます（図6）。目的のページを表示し，画像そのものをクリックすると背景の色が変わり，画像が選択されますので，「画像のコピー」を選びます。コピーができたら「ペイント」など，グラフィックソフトに貼り付けて，画像ファイル（JPEGかPNG）で保存すれば完成です。

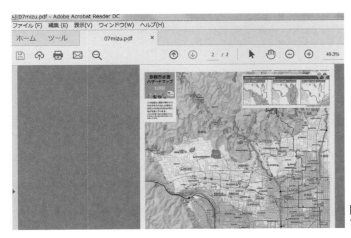

図4　Acrobat Readerで表示したハザードマップのPDFファイル

図5　画像の選択とコピー

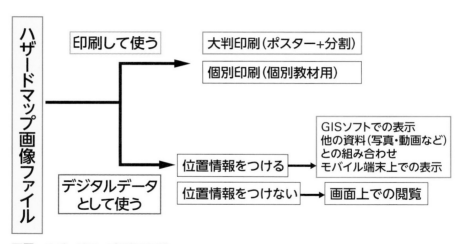

図6 ハザードマップ画像の用途

③ ハザードマップ画像の用途

画像として保存したハザードマップには，様々な使い道があります。**図6**に，加工から利用まで流れを大まかに書いてみました。

画像データとして保存したハザードマップの最も簡単な使い方は，カラー印刷して教材として使うことです。カラーの大判印刷ができるプリンタがあれば模造紙大に引き伸ばして印刷することができますし，A4サイズの一般的なプリンタでも，画面を4分割ないし9分割にしたうえで印刷してつなぎ合わせることができます。授業では，生徒1人1人にハザードマップを白黒印刷で配布するよりは，大判のカラーで印刷した地図を集団で囲むような形で作業する方が望ましいように思います。地図から読みとれること，気づいたことを書き出して地図上に貼り，グループごとで意見を取りまとめるところから学習をスタートしてもよいでしょう。やはり大判で印刷した新旧の地形図とセットで見せてもよいかと思います。

一方で，ハザードマップの画像に位置情報を付与すると，単に画面上で表示する以上に用途が広がります。位置情報を持ったハザードマッ

プ画像とGISソフトウェアがあれば，対象となる地域への理解がさらに深まります。身近な地域でしたらタブレットPCやスマートフォンに載せて現地で確認してもよいですし，離れた地域ならば，地形図や様々な主題図と重ね合わせることで，災害のリスクの検討や，実際に起きた災害の状況を比較検討しながら考えることも可能です。

今のところ，位置情報を持ったハザードマップ画像を閲覧するのに最も適しているソフトは「Google Earth」です。「Google Earth」はパソコン，タブレット，スマートフォンのいずれにも対応していますし，ファイルの受け渡しもKMZファイル（画像と位置情報をパッケージにしたファイル）でやり取りできますので，保管や共有が楽にできます。位置情報を持ったハザードマップ画像の作り方を覚えれば，授業を充実させるだけでなく，自治体の情報公開と地域住民の橋渡しをすることができます。「地元の学校の地理の先生」の面目躍如となることは間違いありません。

次項からは，ハザードマップの教材化について，手順を具体的に説明して行きます。

2-2 紙地図に印刷して教材にしてみよう

　この項では，インターネットからダウンロードしたハザードマップの画像ファイルや，新旧の地形図を大判の紙地図で印刷する方法を説明します。

1 ハザードマップ画像の大判印刷

　まず，画像ファイル（JPEGやPNG形式）に変換したハザードマップを用意し，ファイルを開きます。ここでは，「Windowsフォトギャラリー」を使います。

　ファイルを開いたら，「印刷」を選び，印刷

図1 ハザードマップの印刷画面

画面を表示します（**図1**）。その上で，右下の「オプション」から「プリンタのプロパティ」の順で開きます。

　次に，「ページ設定」のウインドウを開き，「割り付けポスター」の項目がありますので，選択し，ポスターのサイズ（A4用紙で何枚にするか）を設定して印刷します（**図2**）。

　ポスター印刷では，2枚1組から4枚×4枚（16枚）の分割まで選んで印刷することができます（**図3**）。一般的なハザードマップの場合，A4サイズ4枚で印刷すればよいと思います（**図4**）。印刷したハザードマップには，必要に応じてラミネート加工を施すと，地図の上にペンで描いたり，付箋を貼ったりするなどしても何度も使うことができます。

図2 割り付け／ポスター印刷の選択と設定

図3 ポスター印刷の設定

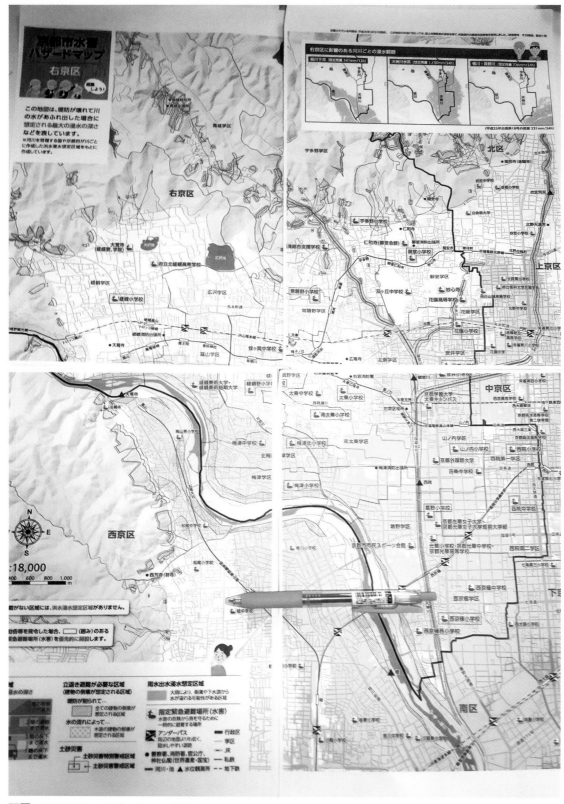

図4　分割印刷したハザードマップ画像

2-3 ハザードマップに位置情報を載せてみよう

　次に，ハザードマップの画像に位置情報（緯度・経度）情報をつけて，Google Earthを始めとしたGISソフトで使えるようにする方法を説明します。用意するソフトは「QGIS」というフリーソフトです。ソフトの設定などに，手間がかかる作業ですので，ここでは大まかな流れを説明します。詳しい方法については，拙ブログ「いとちり」で解説していますので，ご参照ください[1]。

① QGISのインストールと地理情報サーバへの接続

　まず，パソコンにQGISをインストールします。常に最新のバージョンにアップデートされていますが，最新のバージョンが最も安定して動作するとは限りません。「安定版」と書かれているバージョンをインストールすることをおすすめします。

　QGISは，インストールした時点ではガスにつないでいないガス台の状態です。都市ガスにつなぐのと同じように，インターネット上の地理情報サーバ（国土地理院をはじめ，世界中の機関が統一された形式で地理情報を提供しているサーバ）に接続しなければなりません。ここでは日本の地形図や空中写真を主に扱いたいので，国土地理院の地理情報サーバに接続します。

　まず，QGISを開いたら，「ビュー」→「パネル」→「ブラウザ」の順で開き，地図を読み込ませる作業ウインドウを作ります（図1）。次に，画面左上 「ブラウザ」ウインドウ内にある「XYZ Tiles」のアイコンを右クリックし，「New Connection」を選択します（図2）。

　「接続の詳細」という画面が出るので（図3），接続先を国土地理院のサーバに指定します。接続先のURLは，国土地理院タイル一覧（https://maps.gsi.go.jp/development/ichiran.html）を参照します[2]。

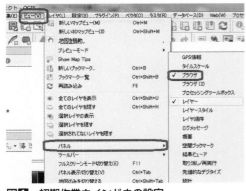

図1 初期作業ウインドウの設定

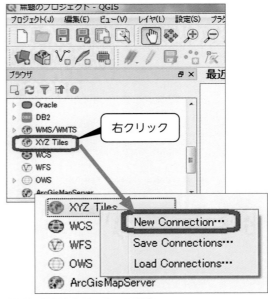

図2 地理情報サーバへの接続

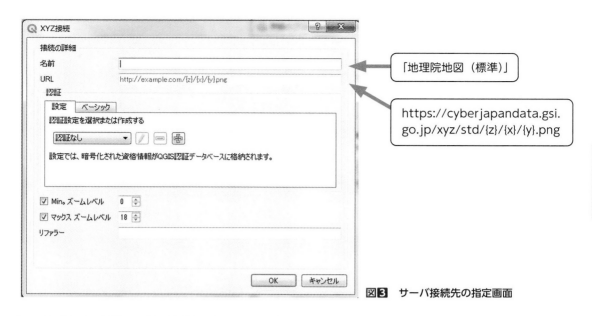

「地理院地図（標準）」

https://cyberjapandata.gsi.
go.jp/xyz/std/{z}/{x}/{y}.png

図3 サーバ接続先の指定画面

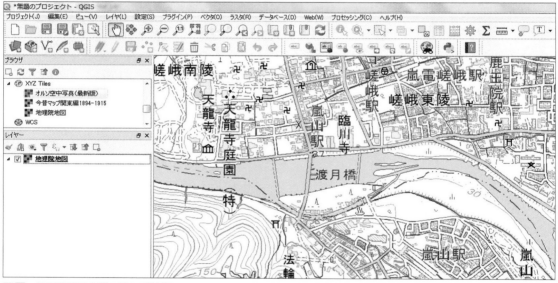

図4 地理院地図を読み込んだ状態

ここでは，名前欄に「地理院地図（標準）」，URL：https://cyberjapandata.gsi.go.jp/xyz/std/{z}/{x}/{y}.png として，地理院地図を背景に設定します。地理情報サーバへの接続に成功すると，QGISの背景画面に地理院地図（地形図）が表示されます（図4）。この地図が，ハザードマップに位置合わせをする際の位置情報の基準となる地図になります。背景地図を別の種類の地図にしたいときは，そ

れぞれの地図のタイルマップサーバーのURLを記入します。「地理院地図」の淡色版ならばhttps://cyberjapandata.gsi.go.jp/xyz/pale/{z}/{x}/{y}.png です。地理院地図のサイトから「地理院タイル一覧」（https://maps.gsi.go.jp/development/ichiran.html）を開くと，表示したい地図や空中写真，陰影起伏図などのタイルデータのURLがありますので，それをコピーして貼り付けます。

② QGISによるハザードマップの「ジオリファレンス」

次に，ハザードマップの画像を用意し，地理院地図を下敷きにして位置合わせを行います。ハザードマップの画像の位置合わせを行い，座標の情報を与えることを，ジオリファレンスといいます。**図4**の状態から，メニューバーの「**ラスタ**」→「Georeferencer」の順でウインドウを開きます（**図5**）。

地図のない真っ白なウインドウが出ますので，一番左上のボタンである「**ラスタを開く**」をクリックし，位置合わせをしたいハザードマップのファイルを開きます。その際，地図の投影法が尋ねられますので，「WGS84」を選びます。

ジオリファレンサーの画面にハザードマップが表示されたら，位置情報を入力して行きます。まず，新たな点を入れる場合は，ウインドウ内の「ポイント追加」（**図6**）をクリックし，ハザードマップ内の点をクリックします（**図7**）。

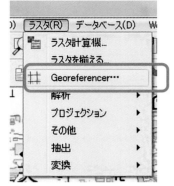

図5 ジオリファレンサーを起動

図6 ポイント追加

踏切や交差点など，位置合わせの目印（別の地図と対比をして位置を特定しやすい地点）を選んで左クリックをすると，画面が切り替わり，「地図座標の入力」というウインドウが出ますので，「マップキャンバスより」のボタンをクリックします。そうすると，背景の「地理院地図」に替わりますので，ハザードマップ上で指

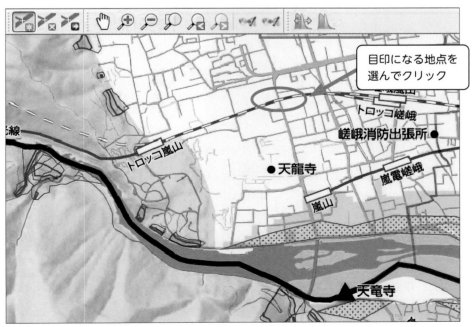

図7 地点の選択と登録

図8 地理院地図との場所合わせ

定した地点と同じ地点を選んで左クリックします（**図8**）。手間のかかる作業ですが，だいたい20〜30か所ぐらい地点を指定すれば，歪みの少ない状態でハザードマップを地理院地図に重ね合わせることができます。

　地点の設定が完了したら，ジオリファレンスを行います。ジオリファレンサー（ハザードマップが出ているウインドウ）で「**設定**」を選び，

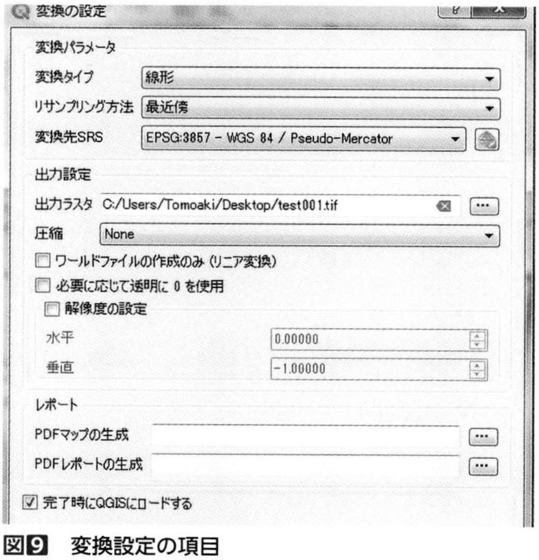

変形の設定をします。標準的な設定として，変換タイプは「線形」，リサンプリング方法は「最近傍」，変換先SRSは「EPSG 3857 – WGS84/Pseudo-Mercator」とし，出力設定で出力先とファイル名を指定します。左下の「完了時にQGISにロードする」のボタンをオンにしておいて下さい（**図9**）。

　ジオリファレンスボタンをクリックすると変換が行われ，QGISのメイン画面上の地理院地図の上にハザードマップが重なります（**図10**）。

　変換されたハザードマップは，「GeoTIFFファイル」（位置情報を持ったTIFF画像ファイル）として別途保存されていますので，そちらも保存先を確認してください。普通の画像ファイルよりもかなりファイルサイズが大きくなっているのが特徴です。

図9 変換設定の項目

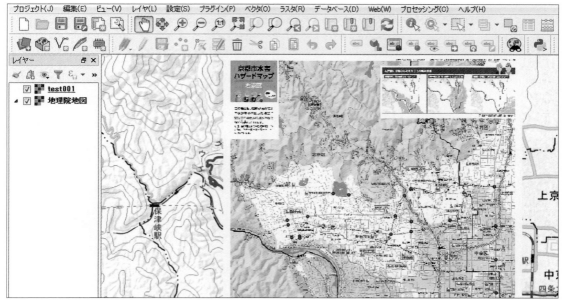

図❿ ジオリファレンスの完了（地理院地図への重ね合わせ）

③ 位置情報つきハザードマップ画像の利用

　これでハザードマップは単なる画像から位置情報を持った地理情報ファイルになりました。QGISをはじめ，GISソフトに読み込んで加工することが可能です。一番身近なGIS的な利用としては，Google Earthで読み込んで立体的な視点でハザードマップを見たり，様々なデータと重ね合わせる使い方があります。

　まず，Google Earthを開き，ハザードマップを載せる場所付近の衛星写真を表示します。次に，「ファイル」から「開く」を選び，その際に，対象となるファイルで「GeoTIFF」を選んだ上で，先ほど作成したハザードマップのGeoTIFFファイルを選びます。画像の大きさにより，「インポートしたイメージのサイズがハードウエアでサポートされている最大サイズに比べて大きすぎます」とのメッセージが出ますが，その際には「縮尺」ボタンをクリして下さい。Google Earth上にハザードマップが表示されます（図⓫）。

　ハザードマップを載せた状態で，Google Earthから「ファイル」→「保存」→「名前を付けて場所を保存」を選び，KMZファイル（画像・位置情報付きGoogle Earthファイル）として保存すると，GeoTIFF画像の半分ぐらいの大きさで保存できますので，生徒に配布する際にはこちらの方が使いやすいと思います。

　また，必要に応じて別の地図を重ね合わせたり，写真を埋め込むこともできます（図⓬）。

1）詳しいマニュアルは，ブログ「いとちり」内の以下の記事を参照ください。
【連載】地理教師のためのハザードマップ料理法（2）QGISを国土地理院につなぐ」
（いとちり：2018年8月1日）
http://itochriback.seesaa.net/article/460843385.html
【連載】地理教師のためのハザードマップ料理法（3）ジオリファレンス
（いとちり：2018年8月1日）
http://itochriback.seesaa.net/article/460844816.html
2）同じ要領で，入力するURLを変えて登録すると，国土地理院の様々な地図を背景画像に取り込むことができます。それぞれのURLに{z}/{x}/{y}がついているものを目印に入れてみてください。

図11 Google Earthに載せたハザードマップ

目印をクリックすると

渡月橋

写真が表示される

図12・13 写真の埋め込み

2-5 地形図をGoogle Earthで 見てみよう

ハザードマップをGoogle Earthに載せる方法を紹介しましたので，国土地理院が公開している最新版の地形図（地理院地図）や，旧版地形図をGoogle Earthに載せて見る方法を説明します。ハザードマップと重ねて交互に見ることで，対象となる地域の地形や歴史的な背景を理解するのに役立つ教材になると思います。

1 地形図をGoogle Earth上で 表示する

国土地理院の「地理院地図KMLデータ」というサービスを利用します（図1）。

サイトを開くと，「KMLファイル配信リスト」が出てきますので，ここでは標準的な地形図画像である「標準地図」へのリンクをクリッ

クします。クリックすると，KMLファイルへのリンクのファイルがダウンロードされますので，ダウンロードされたファイルを開くと，Google Earthが起動します。起動すると図2のように地球の全球に世界地図を貼り付けたような画面が表示されますので，対象なる地域を選んで拡大していきます（図3）。

地理院地図KMLデータ

地理院地図を、KMLネットワークリンクに対応したソフトウェアで利用できます。

地理院地図で閲覧できる地図と空中写真をKMLで配信しています。KMLネットワークリンクに対応したソフトウェアで利用できます。
国土地理院コンテンツ利用規約及び使用するソフトウェアの利用規約等にしたがってご利用ください。

閲覧サイトURL

https://kmlnetworklink.gsi.go.jp/kmlnetworklink/index.html

図1 「地理空間情報ライブラリー」にある地理院地図KMLへのリンクページ
https://geolib.gsi.go.jp/node/2537

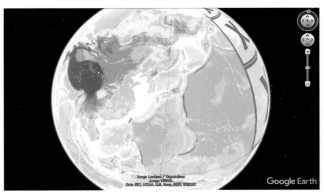

図2 地理院地図KMLの起動画面

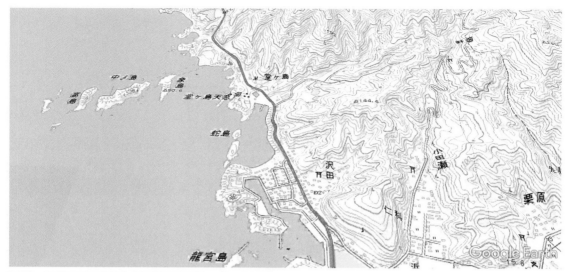

図3 地形図の拡大画面（静岡県西伊豆町・堂ヶ島付近）

図4 地形図に陰影起伏図を重ね，山地の凹凸を強調した例

　地理院地図KMLには，標準地図や淡色地図
などの地形図のほか，年代別の空中写真や色別
標高図，陰影起伏図などがあります。これら
のKMLファイルを異なるレイヤに読み込むと，
Google Earth上で重ねて表示することができ
ます。例えば**図4**は，静岡県西伊豆町の堂ヶ島
付近を例に，地形図の画像に「陰影起伏図」を
重ねてリアス式海岸の凹凸を強調した図です。

　陰影起伏図と地形図を重ねて表示すると，尾
根線と谷線がはっきりと区別できます。この地
図の範囲では，隆起した火山地形が侵食を受け
て形成された複雑な地形を視覚的に表示するこ
とができます。また，谷底低地や閉塞低地，海
岸部の砂堆など，数少ない平らな土地に集落が
形成され，家屋が密集していることがよくわか
ります。

図5　「今昔マップ3」表紙

図6　旧版地形図の重ね合わせ（沖縄県那覇市，1931年）

KML配信ファイルリスト

地震	✕

全 9923件中 131件を表示中

ベースマップ	年代別の写真	標高・土地の凹凸	土地の成り立ち・土地利用	基準点・地磁気・地殻変動	災害伝承・避難場所	近年の災害	その他	全て

近年の災害	地震	令和元年山形県沖の地震	正射画像	鶴岡村上地区（山形県鶴岡市，新潟県村上市）

図7　「地理院地図KMLデータ」の災害特設カテゴリ
「近年の災害」を選択した後，「地震」のタグをクリックすることで，地震関連のKMLファイルを検索できる。

❷ 旧版地形図をGoogle Earth上で表示する

　表示できる範囲は限定されますが，旧版の地形図をGoogle Earth上に表示して時代の変遷を確認することもできます。「地理院地図KML」では，古い空中写真も公開していますので，組み合わせることでその土地の履歴を視覚的に確認できます。用意するものは，谷謙二先生が開発した「今昔マップ3」というソフトです（https://ktgis.net/kjmap/）（**図5**）。

　「今昔マップ3」で対象とする地域の地形図を表示し，「ファイル」から「KMZファイル出力」を選び，保存したい地図を選び，保存するファイル名を確定して保存すると，Google Earth用のKMZファイルが生成されます（**図6**）。

❸ 被災地の様子を時系列の地図や空中写真で確認する

　国土地理院では，大規模な災害が起きた場所では，災害発生前と発生後，復興の過程を記録した写真を保存，公開しています。「地理院地図KMLデータ」から，「近年の災害」→「地震」の一覧を開いてみましょう（**図7**）。

　平成30年（2018年）9月6日に発生した北海道胆振東部地震（M6.7，最大震度7）では，大規模な土砂崩れにより死者42人，負傷者762人にのぼりました。また，震源地近くで多くの住宅が全半壊し，札幌市郊外でも液状化現象が発生しました。

　図8・**図9**は，被害が大きかった厚真町付近の地震発生前と発生後の写真です。日高山脈の東側に位置し，水が得やすく気候も北海道のなかでは比較的温暖な胆振地方は，農業が盛んな地域です。地形図で被災地付近を確認すると，広大な畑が広がり，農業用のダムや用水路が整備され，水田もみられます。

　図10は，地形図に崩壊斜面の分布図を重ね合わせたものです。大規模かつ広範囲におよぶ斜面崩壊から読み取れることは，地域の農業の生命線とも言える水源地が壊滅的な被害に遭ったということです。このように，被災地の様子を地形や産業を絡めて鳥瞰的に検討することで，地震災害がもたらした被害の地域性や，復興に向けた中長期的な課題を認識することができると思います。

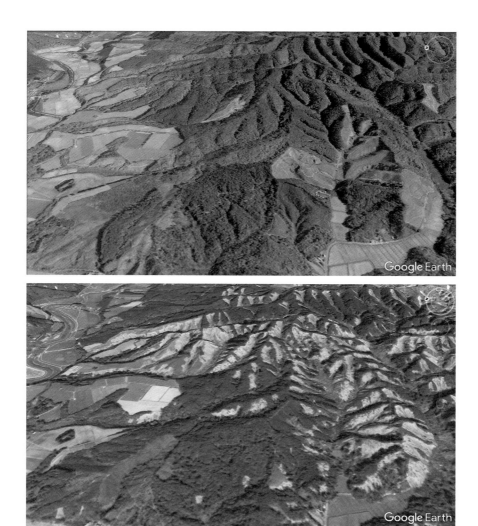

図8・図9 厚真町付近の斜面（上：地震発生前　下：地震発生後）

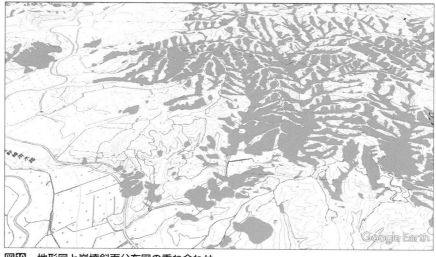

図10 地形図と崩壊斜面分布図の重ね合わせ

2-5 地理院地図で 情報を重ねてみよう

　国土地理院の地図閲覧サイト「地理院地図」は，地形図を始めとした様々な地図を重ね，地図に描きこむことで地理の学習をより深いものにできるウェブサービスです[1]。防災関係のコンテンツが充実しており，身近な地域の災害の被害予測から，実際に災害が起きた場所を題材にした地形や被害状況の判読など，多角的な視点から地理情報を読みとることができます。代表的な地図や機能を紹介しながら，授業での活用を考えてみたいと思います。

 ## 地形図の表示とアレンジ

（1）地形図の表示と情報の重ね合わせ

　地理院地図のウェブサイトを開くと，日本全体の地図が表示されます。ここから地図を拡大するか，地名で検索をすると，目的の場所の地形図（標準地図）が出ます（図1）。この地図をベースマップとして，様々な地図や写真を重ねてみます。

　別の地図（空中写真）を地図上に重ねるには，画面左上の「情報」ボタンをクリックします。ウインドウが開き，地理院地図のサーバに格納されている各種地図の一覧が表示されます。標高区分図を呼び出して表示してみます（図2）。

（2）立体感のある地形図を見せる

　地形図に「陰影起伏図」データを重ねると，立体感のある地図表現ができます（図3）。また「3D」機能を使えば立体モデル画像を表示することができます（図4）。

　「地理院地図」の重ね合わせ用情報リストには，「地理教育の道具箱」というフォルダがあり，地理の教科書に出てくる典型的な地形にリンクするレイヤがありますので，それらを使って立体モデルを作ってもよいでしょう。

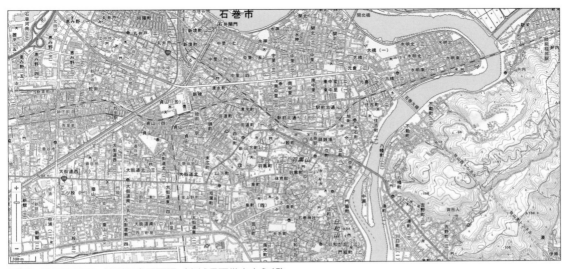

図1　地理院地図　地形図表示画面（宮城県石巻市中心部）

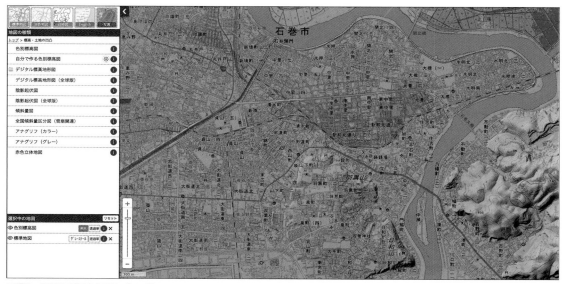

図2 標高区分図の重ね合わせ

図3 陰影起伏図データの重ね合わせ

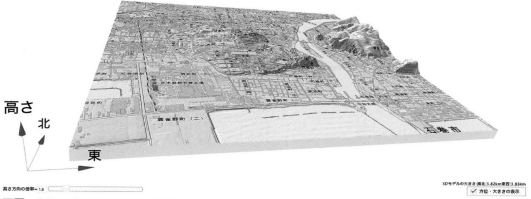

図4 立体モデル（高さ1.8倍に強調）

② 空中写真の活用

　次に，空中写真を使った防災教育の教材を作ります。「地理院地図」では，全国の空中写真を過去にさかのぼって表示し，現在と比較することができます。また，大きな災害が発生した場合は，発災直後から緊急撮影が行われ，随時公開されていきます。つまり，大規模な災害が起きた場所については，被災前と被災後の様子を比較しながら，どこでどのような被害が起きたのか（あるいは被害を免れたのか）を見ることができます。作図機能を使って写真に線や面を書き込んで共有することもできます。

　図5・6は，石巻市中心部の新旧の空中写真です。1978年頃と現在を比較しています。

　1978年頃の写真上で作図した赤い線で囲われた住宅密集地の範囲を現在の写真上に表示してみると，津波によって多くの住宅が倒壊し，現在も広く更地のままになっていることがわかります。一方，右岸の日和山が，まさに砦のように市街地を津波から守ったことが読みとれます。「情報リスト」から，「地震」，「平成23年東北太平洋沖地震」のフォルダを開くと，発災直後の正射画像，斜め写真，空中写真，主要な地点の新旧写真比較などを表示することができます。

図5　石巻市中心部空中写真（1978年頃）

図6　石巻市中心部空中写真（現在）

❸ 微細な地形を可視化する

次に，地形図では読みとりにくいものの防災に関係する微地形を読み取る機能を，いくつか紹介します。

（1）自分で作る色別標高図

地形図の等高線（10m，一部5m）や，色別標高図の区分では読みとりにくい，平地の微妙な起伏（自然堤防や凹地など）を表わしたい時に便利な機能です。最大0.5m（50cm）間隔で土地の高さを色分けすることができます。「情報リスト」から「起伏を示した地図」フォルダを開き，「自分で作る色別標高図」を選びます。

図7は，愛知県西部から岐阜県東部，三重県北部にかけて，いわゆる「木曽三川」下流部の標高区分を色分けた地図です。そして，図8は，地図の一部を拡大して，避難所の分布を重ね合わせた画面です。

海岸の埋め立て地の方が標高が高いこと，0m地帯の場所にも多くの避難所が指定されていることがわかります。実際の災害時にどこまで避難所が機能するのか（非常用電源の確保，人や物資の移動など），避難所の空白地帯になっているところはどう対処すればよいのかなど，課題を見つけて検討するための教材として利用できます。

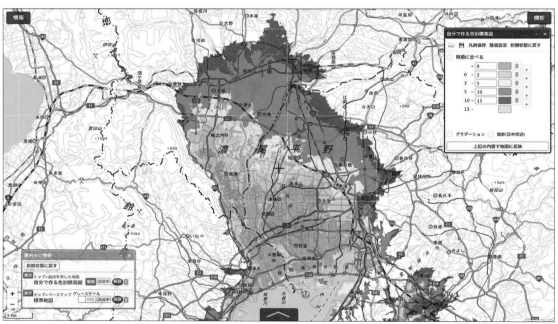

図7 「自分で作る色別標高図」表示例①（濃尾平野概観）

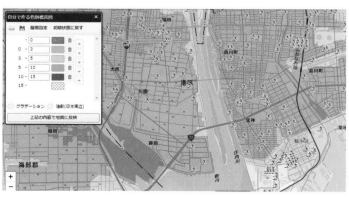

図8 「自分で作る色別標高図」表示例②（名古屋市南区付近拡大）

（2）赤色立体地図

低地の起伏や火山地形を見る上で，赤色立体地図も有効です。赤色立体地形図は，アジア航測株式会社が開発した日本独自の地図表現で，2018年6月からは「地理院地図」上でも閲覧できるようになりました。個人での利用，授業のような教育活動での利用は自由ですが，論文や学会など外部に発表する場合は，オンライン登録フォームから実施内容を登録する必要があります。

図9 は，赤色立体地図で表示した富士山周辺です。画面中央にあるのが富士山頂（中央火口），右下（南西）にある大きな穴が宝永火口（1707年噴火）です。富士山は生成時から数万年の間にたくさんの小規模な噴火を繰り返しており，周辺には「塚」と呼ばれる小さな火口丘や噴火口があります。ただ，それらの多くは森林に覆われており，地形図や空中写真では，なかなか判別することはできませんでした。

航空レーザー測量の成果を活用した赤色立体地図の登場で，これまで見ることができなかった塚のそれぞれの場所や形，噴火の規模がわかるようになり，火山ハザードマップの作成・検討・改訂にも役立っています。

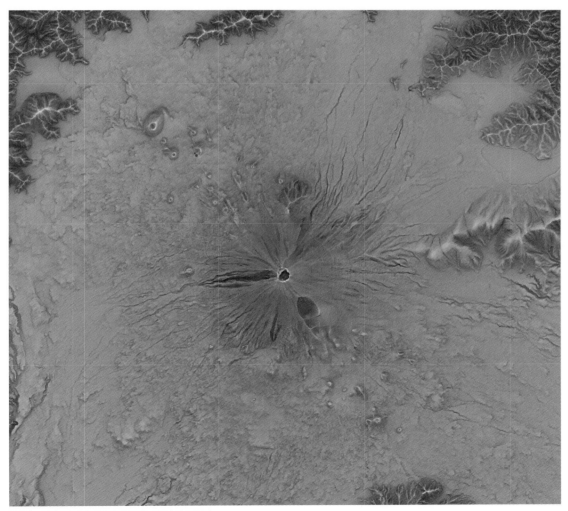

図9　赤色立体地形図の表示（富士山周辺）
アジア航測株式会社の赤色立体地図作成手法（特許3670274、特許4272146）を使用し，筆者が作成した。

各種GISソフトとの組み合わせ

ブラウザ上で「地理院地図」使って地形や災害現場を見る方法について紹介してきましたが,「地理院地図」の画像を既存のGISソフトに取り込むことで,さらに効果的な活用をすることができます。その際,「地理院地図」のウェブサービスとは別に,各GISソフトから地理院地図の地図タイル画像(地理院タイルと呼んでいます)を配信するサーバに直接アクセスする必要があります。詳しい接続方法については,国土地理院の「地理院タイル一覧」のサイトをご覧ください[2]。

表1は,「地理院地図」の情報を取り込んで操作することができる主なGISソフトをまとめたものです。

東京カートグラフィック株式会社が販売している「地図太郎Plus」は,「地理院地図」の前身である「地形図閲覧システム」(2000年7月開設,「電子国土Webシステム」に移行後,2014年まで運用)の公開以来,国土地理院のウェブ地図サービスに完全対応する国産のGISソフトとして改良が重ねられてきました。地理院地図の地図画像をダウンロードして格納して使える上,GISデータの標準系であるシェープファイル(Shapefile)やKMLファイルを直接読み込んで表示することができるなど,何かと便利なソフトです。日本全体をカバーした地図太郎Plus独自の50万分1地図画像を背景に利用することもできます。

「地図太郎Plus」ならではの機能として特筆したいのは,「地理院地図」で表示した地図を大判印刷する機能です。例えば,地形図の画像を読み込んでそれを紙の地形図よりも大縮尺(1万分1や5000分1など)に換えて,A4用紙に分割印刷することができます(**図10**)。

表1 「地理院地図」に対応する主なGISソフト

ソフトウエア名	有料／無料	機能・主な用途
地図太郎 PLUS	有料	オフライン表示が可能。地図に自由な書き込み,データの重ね合わせ,大判印刷などができる。
カシミール３D	無料(一部有料)	「スーパー地形」(有料)と組み合わせて,より立体的な表現ができる。
MANDARA	無料	各種 GIS データと組み合わせて主題図と地理院地図を組み合わせた地図を描くことができる。
今昔マップ3	無料	旧版地形図との比較が可能。ウェブ版もあり。
QGIS	無料	位置情報を持たない地図(ハザードマップ画像など)の位置合わせの基図として活用できる。
Arc GIS	有料	各種 GIS データを載せるベースマップとして利用できる。無料のオンライン版もあり
Google Earth	無料	「地理院地図 KML データ」[3] 経由で直接地形図画像を立体表示。他の KML ファイルとの重ね合わせも。

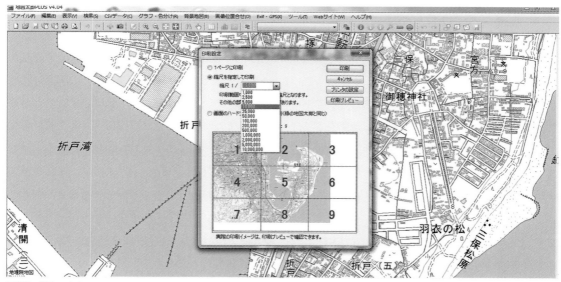

図10 「地図太郎Plus」の大判印刷機能

　図11は，実際に印刷してつなぎ合わせた地図です。縮尺を1万分1にしているので，紙の地形図よりも文字や等高線が読みとりやすくなっています。4人1組のグループで地形図を囲み，タブレット端末で「地理院地図」にアクセスすることができれば，「地形図」を共通のベースマップとして読みとりつつ，空中写真や様々な主題図を見ながら気付いたこと，考えたことを付箋紙に書いて地図上に貼り付けて行くようなグループワークもできます。デジタル地図とアナログ地図の良いところを組み合わせた授業を展開することができます。

図11 大判印刷およびタブレット端末で表示した「地理院地図」

　谷謙二先生が開発した「MANDARA」と「今昔マップ3」（今昔マップon the web）は，地理院地図を活用する上で欠かせない無料のGISソフトです。「MANDARA」は，統計データを白地図上に展開して主題図を描くソフトというイメージがありますが，背景地図画像として「地理院地図」を設定することで，地形図と統計データを組み合わせた主題図が描けます。**図12**，国土交通省の「国土数値情報」から，「津波想定浸水深」のメッシュデータ（静岡県版）を「MANDARA」で描いて，背景に下田市付近の地図を重ねたものです。**図13**は，「今昔マップ3」で表示した那覇市の新旧（1919年，最新）の地形図です。

　「地理院地図」は，喩えるならば「日本最大の地図の魚河岸」のようなものだと思います。とにかく地図や航空写真など，地理に関するありとあらゆる素材が手に入り，常に更新され，利用者も素人から玄人まで様々…ただし，ある程度のしきたりと言いますか，道具の使い方と料理法を心得ていないと敷居が高い場所…のような気がします。

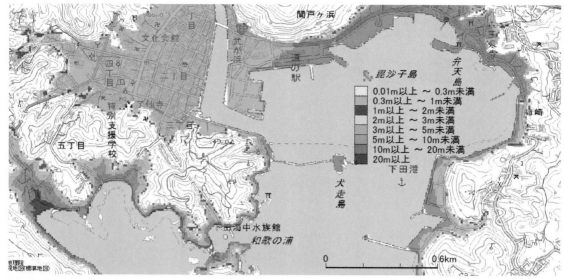

図12 「MANDARA」による地理院地図の表示（静岡県下田市付近の津波想定浸水深）

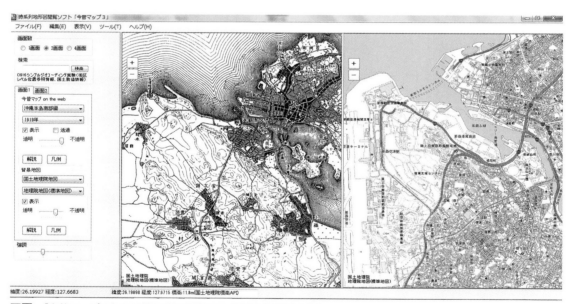

図13 「今昔マップ3」での地理院地図の表示（沖縄県那覇市付近）

　まずはウェブサイトでの地理院地図の操作から始め，慣れてきたらGISソフトへの地理院タイルの組み込みに挑戦していただければと思います。「MANDARA」や「QGIS」での「地理院地図」の利用については，拙ブログ「いとちり」でも詳しく説明していますので，ご参照ください。

1）https://maps.gsi.go.jp/
2）https://maps.gsi.go.jp/development/ichiran.html
3）https://kmlnetworklink.gsi.go.jp/kmlnetworklink/index.html

2-6 地理院地図に旧版地形図を 重ねてみよう

　「今昔マップon the Web」(https://ktgis.net/kjmapw/) は，ブラウザ上で旧版地形図や古い空中写真を表示して現代の地形図と比較できる便利なサイトです。ただ，「地理院地図」のように地図に線や図形を直接書き込むことができません。そこで，「地理院地図」上で「今昔マップ」の地図を読みこんで，地図に直接描画する方法を紹介します。

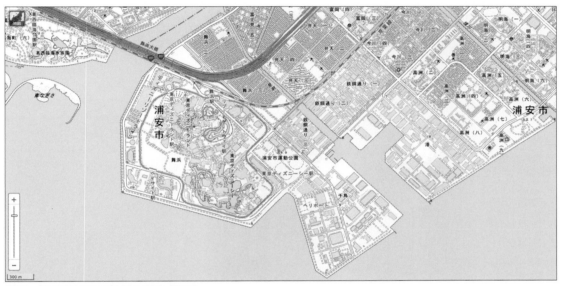

図1 地理院地図での地図の表示（現在）

1 タイルマップの読み込み

　まず，地理院地図で表示したい場所の地図を出します。ここでは，東京ディズニーリゾートのある千葉県浦安市の地図を使って説明します（**図1**）。

　地図が表示されたら，画面右上のツールバーから「ツール」→「その他」→「外部タイルの読み込み」の順で開いていきます（**図2**）。外部タイルのウインドウが開いたら，読み込みたい地図（ここでは「今昔マップ」サーバーに置かれている旧版地形図の地図）を指定します。

　「今昔マップ」は，閲覧用のウェブサイトとは別に，地図画像（地図タイル画像と呼

図2 タイルマップの読み込み

びます）に直接アクセスできるようになっています。URLさえわかれば，地理院地図やQGISなどのGISソフトの背景として旧版地形図を出すことができます。地図タイルのURLは，今昔マップの「地図タイルサービス」(https://ktgis.net/kjmapw/tilemapservice.html) のページから参照できます。

外部タイル読込   – ✕

● URLを指定

レイヤー名:

明治２０年

URL:URL例は<u>こちら</u>

https://ktgis.net/kjmapw/kjtilemap/tokyo50/00/{z}/{x}/{y}.png

オプション▶

○ 保存した設定ファイルを選択

ファイルを選択 選択されていません

※国土地理院以外の機関が配信しているデータをご利用の際は、当該データの利用規約に従いご利用ください。

上記の内容で読込開始

図3 タイルマップのURLを指定する

https://ktgis.net/kjmapw/kjtilemap/tokyo50/00/{z}/{x}/{y}.png

オプション▼

☑ 南西原点

minZoom: [　▼]   maxZoom: [　▼]

maxNativeZoom: [　▼]

○ 保存した設定ファイルを選択

ファイルを選択 選択されていません

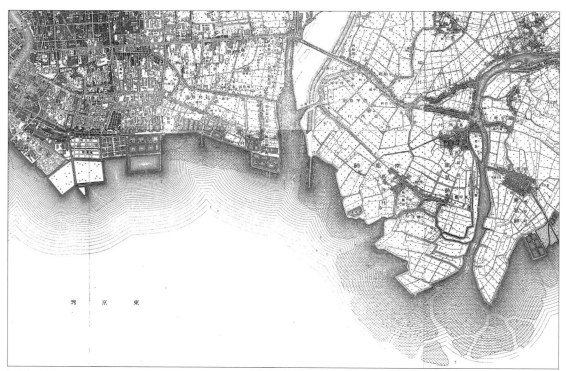

図4 旧版地形図の表示

図3は，「地理院地図」上で，地図タイルサービスのURLを指定したところを示しています。地図の格納フォルダを「tokyo50」，設定時期を「00」（1917〜24年）に書き換えます。更に，「オプション」を開いて「南西原点」の項目にチェックを入れてください。「上記の内容で読込開始」ボタンをクリックすると，画面上に旧版地形図が現れます（**図4**）。

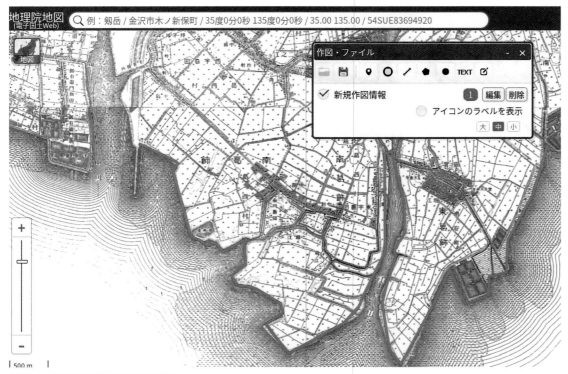

図5 旧版地形図の海岸線をなぞる

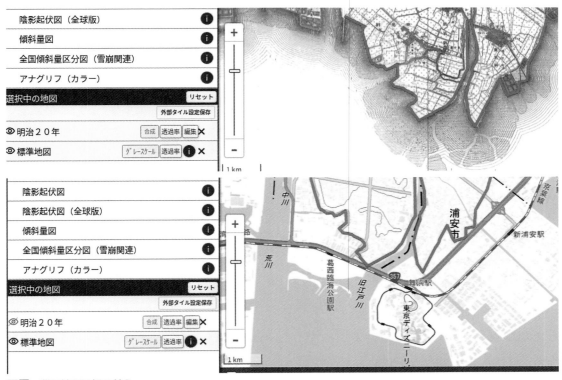

図6 背景地図の切り替え

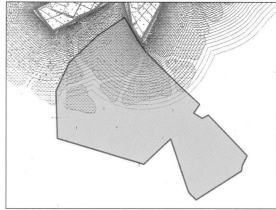

図7 埋立地のポリゴン（面データ）を旧版地形図上に表示

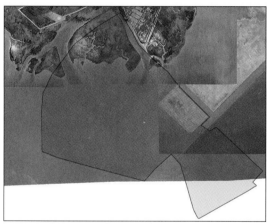

図8 埋立地のポリゴン（面データ）を旧版地形図上に表示

② 図形の書き込みと新旧地図の切り替え

地理院地図に表示された旧版地形図に図形を書き込んでみましょう。地理院地図の「ツール」から「作図・ファイル」を選び，海岸線をなぞります（**図5**）。

線を書いたら画面左上の「地図」のアイコンをクリックすると，表示されている地図の一覧画面が出ますので，旧版地形図を消して，現代の地形図を出します。描画した線（かつての海岸線）が現在の地形図上に表示されます（**図6**）。

現代の地形図で描いた図形を旧版地形図上に表すことも可能です。東京ディズニーリゾートの敷地を含む埋立地の範囲を，旧版地図上や、新旧の空中写真に表してみます（**図7**・**図8**）埋立地のうち，東京ディズニーリゾートのある舞浜地区が，江戸川（現在の旧江戸川）の河口にある遠浅の浅瀬を埋め立てて造成されたことがよくわかります。

作図した線や面のデータは，KMLファイルやGeoJSONファイルで保存できますので，データを生徒に配布することができます。

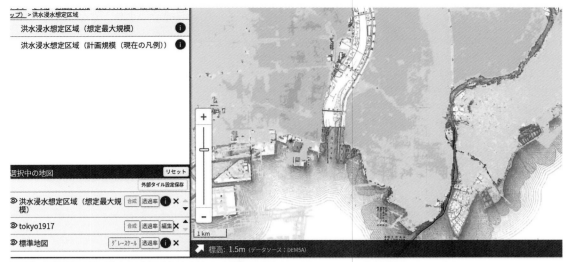

図9 旧版地形図に洪水最大浸水深を重ねたもの

③ 図形の書き込みと 新旧地図の切り替え

　旧版地形図の上に，洪水想定浸水深など，公開されている災害リスクのデータを重ねると，なぜそこが災害リスクが高いのかをわかりやすく見せることができます。「重ねるハザードマップ」の「最大洪水浸水深」を読みこんでみます。

　地理院地図のウインドウ左の「地図の種類」から「その他」→「他機関の情報」の順に開いていき，「災害リスク情報（重ねるハザードマップ）を選択します。次に「洪水浸水想定区域」を選択し，洪水想定地域（想定最大規模）を選択すると，旧版地形図上に洪水浸水リスクが高い場所が表示されます（**図9**）。「合成」ボタンをクリックすると，洪水想定水深図が透過表示になり，背景地図と重ね合わせて表示することができます。また，背景地図を旧版地形図から現在の地形図に切り替え，2つの地図を比較することにより，洪水リスクが高い地域の土地条件を理解することができます（**図10・図11**）。東京東部の標高の低い地域全体で浸水リスクが高くなっている一方，嵩上げされた埋立地では浸水リスクが低いことがわかります。

④ 図形の書き込みと 新旧地図の切り替え

　新旧の地形図（あるいは空中写真）は，地域の変化を視覚的にわかりやすく，見る上で欠かせない資料です。ただ閲覧するだけでなく，海岸線や河川，ランドマークとなる建物を地図上に書き込んだ上で，新旧の地形図を比較できるようにすることで，なぜそこが災害のリスクを抱えているのかを把握しやすくなると思います。逆に，災害のリスクが比較的少ない古くからの集落は，今はどのようになっているのかを観察し，実際に現地に足を運んでみることも有効です。

　大学入試共通テストでは，新旧の地形図を比較して地図から読み取れることについて問う出題が多いですが，単に地理院地図上で地形図を比較して眺めるだけでなく，作業を行い，問いを立てることで，読図力も向上していくのではないかと思います。

図10 洪水浸水深を旧版地形図に透過表示したもの

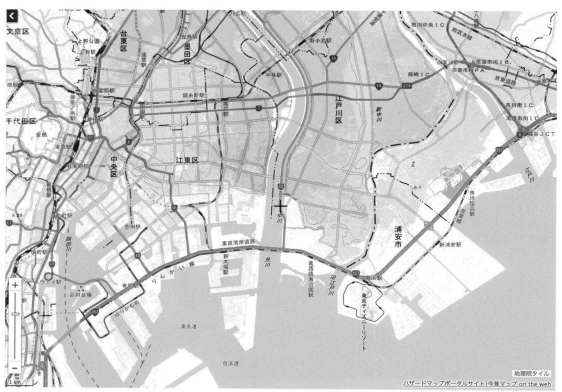

図11 洪水浸水深を現在の地形図に透過表示したもの

2-7　国土数値情報の利用①
―津波ハザードマップを作る

　国土交通省がインターネットで公開している津波の想定到達水深のデータと，国土地理院の「地理院地図」を使って自作の「津波ハザードマップ」を作ってみます。使用するソフトは，地理の先生にはおなじみの「MANDARA」の最新版，「MANDARA10」です。

1 津波浸水データをダウンロードする

　利用するデータは，国土交通省国土計画局が公開している「国土数値情報ダウンロードサービス」から取り出します（**図1**）。交通（鉄道・道路など），土木（河川，海岸）などの位置情報，防災，観光に関するデータなど，様々な情報がGISソフトウェアでそのまま扱える形式で保存，公開されています。このサイトから，「2．政策区域」のカテゴリ，＜災害・防災＞の欄から，「津波浸水想定」のデータをダウンロードします。

2 データの読み込み

　都道府県ごとに浸水想定をまとめたデータをダウンロードし，圧縮ファイルを解凍すると，Shapefile（位置情報とデータをまとめたGISファイル）が入っています。このファイルをフリー GISソフトウェアの「MANDARA10」で読み込みます。

　MANDARA10を開いたら，「シェープファイルを読み込み」を選択し，「追加」ボタンをクリックして，ダウンロードしたShapefileを読み込みます（**図2**）。

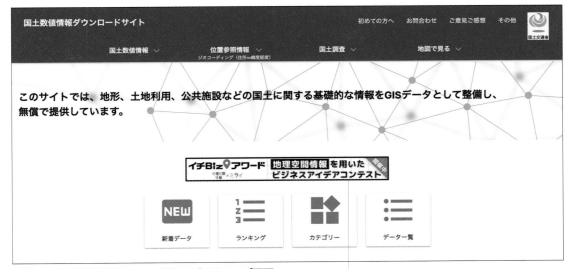

図1　国土数値情報ダウンロードサービスのトップ画面

図2 Shapeファイルの読み込み

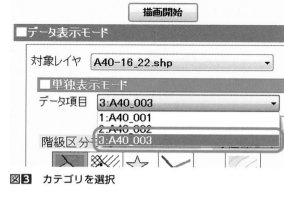

図3 カテゴリを選択

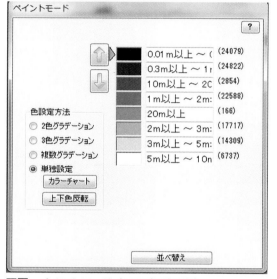

図4 ペイントモード（カテゴリ変更前）

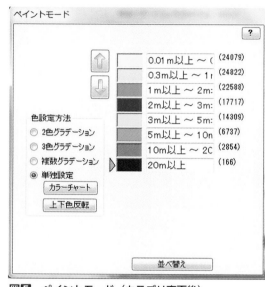

図5 ペイントモード（カテゴリ変更後）

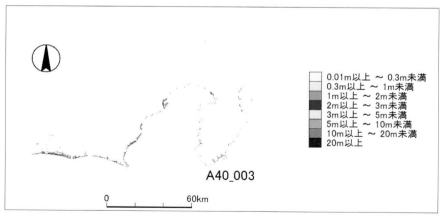

図6 全体表示

　読み込みが終わると，Shapefileに入っている各カテゴリに応じてデータが表示されますので，ここでは3の「A40　003」のカテゴリを選択し，カテゴリ分けを行います（図3）。

　ペイントモードの初期設定が図4のようになっていますので，「並べ替え」ボタンをクリックし，「数字順（0to9）」を選んだ上で，カテゴリごとに色を変えます（図4・図5）。

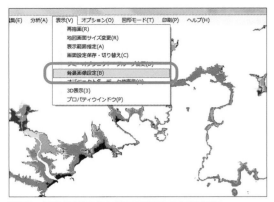

図7 対象地域拡大と背景画像設定の呼び出し

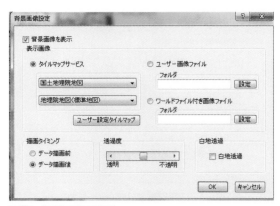

図8 背景画像の設定

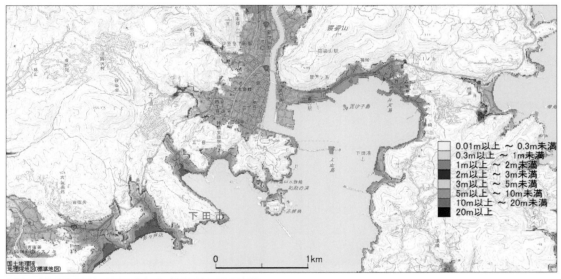

0.01m以上 ～ 0.3m未満
0.3m以上 ～ 1m未満
1m以上 ～ 2m未満
2m以上 ～ 3m未満
3m以上 ～ 5m未満
5m以上 ～ 10m未満
10m以上 ～ 20m未満
20m以上

図9 地理院地図との重ね合わせ（静岡県下田市付近）

③ 描画と背景地図の設定

　色分けの設定ができたら「描画開始」のボタンをクリックして描画します。サンプルのデータは静岡県の海岸全体を示しています。拡大表示をした上で，背景画像を呼び出します（図7）。「表示」から「背景画像設定」を選びます。

　背景画像として，「地理院地図」がデフォルトで入っていますので，選択したうえで，「描画タイミング」を「データ描画後」に，透過度を真ん中より少し不透明ぎみに設定してOKをクリックします。（図8）。そうすると，背景画像に地理院地図が表示されます（図9）。

　地形図の他に，空中写真や色別標高図（図10）など，背景地図を様々に変えることが可能です。「今昔マップ」の地図の範囲内ならば旧版地形図も背景に使えます。

④ Google Earthでの表示

　MANDARAで表示された範囲の津波浸水深のデータをGoogle Earthで表示することができます。MANDARAで描画表示した状態から「ファイル」→「KML出力」の順で選択し，出力ファイル名を決めて出力します（図11）。その際，「輪郭線なし」にした方がよいです。

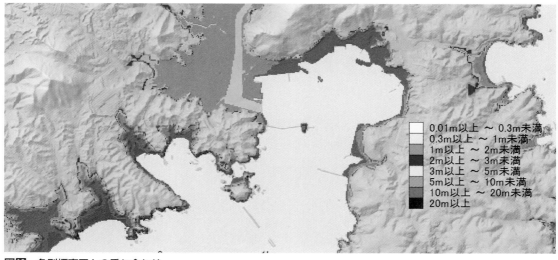

図10 色別標高図との重ね合わせ

図11 Google Earthでの表示

 まとめ

普段,「できあい」の地図として目にしているハザードマップを,素材を組み合わせて「自分で料理してみる」手順をまとめてみました。すべてをゼロから生徒にやらせるのは難しいかもしれませんが,ある程度作っておいて,色分けの区分や重ね合わせる背景の地図,避難所の分布や年代別の人口の分布など,様々な地理情報を重ね合わせることで,地域が抱える災害のリスクがより分かりやすいものになるのではないかと思います。津波だけでなく,洪水や土砂災害危険個所など,「国土数値情報」には様々なデータが都道府県ごとにありますので,活用してみてください。

2-8 国土数値情報の利用②
—洪水の浸水深マップを作る

国土数値情報で公開されている地理情報について，河川の洪水による浸水地域の図を描きます。前項の津波の浸水深の地図と描き方は基本的に同じですが，データの加工にもうひと手間かけます。加えて，ブラウザで動作する地図を作ります。

1 MANDARAからExcelへの貼り付けと加工

国土数値情報へのアクセスと，地理情報（Shapefile形式）のダウンロード，MANDARAへの取り込みの方法については，前項目と同じです。地図を描きたい都道府県のShapefileを取り込みます。

津波浸水深さと違い，洪水浸水想定区域のデータは，想定水深が深さ（メートル表示）ではなく，5段階（あるいは7段階）のコード番号で示され，同じファイル内に別の段階のコード番号が混在しています。各コードに対応する浸水深は，浸水深のデータのページから「浸水深ランクコード」のリンクを開くと見ることが

できます。後でデータを変換する際に使いますので，コピーして表計算ソフトに貼っておくとよいでしょう（**表1**）。

図1は，想定浸水地域のShapefile（静岡県）をMANDARAに取り込んだ画面です。まず，この状態から「編集」→「マップエディタ」を表示します。

マップエディタを開いたら（**図2**），「ファイル」から「名前をつけて地図ファイルを保存」を選び，地図ファイルを保存します。保存先のフォルダ（"Map"）および，ファイル名（ここでは"A31-12_22.shp"）は変えずにそのまま保存します。保存が完了したら，マップエディタを閉じます。

表1 想定浸水深コードと浸水深ランク

コード	浸水深ランク（5段階）	コード	浸水深ランク（7段階）
11	0〜0.5 m未満	21	0〜0.5 m未満
12	0.5〜1.0 m未満	22	0.5〜1.0 m未満
13	1.0〜2.0 m未満	23	1.0〜2.0 m未満
14	2.0〜5.0 m未満	24	2.0〜3.0 m未満
		25	3.0〜4.0 m未満
		26	4.0〜5.0 m未満
15	5.0 m以上	27	5.0 m以上

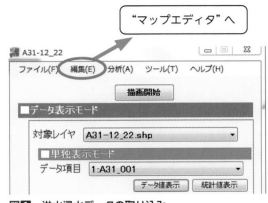

図1 洪水浸水データの取り込み

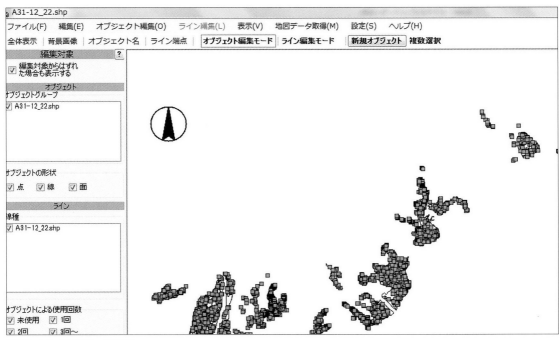

図2 マップエディタ画面

MANDARAの元の画面に戻ると，データが一度消えていますので，改めてShapefileを読み込みます。次に，「編集」から「クリップボードにデータのコピー」を選び，データファイルをコピーした上で，表計算ソフトを開いて貼り付けます（**図3**）。そして，浸水深コードの番号を使いやすいように加工します。

まず，混在している5段階（コード番号10番台）と，7段階（コード番号20番台）を切り分けます。大部分の河川の浸水域は5段階でコードが振られていますので，7段階のコードのデータは一旦削除します。Excelならば，「データ」→「フィルタ」を選び，対象コードで20番台のデータのみを表示させた上で，対象データを削除します（**図4**・**図5**）。

	A	B	C	D	E	F	G
1	MAP	A31-12_22					
2	LAYER	A31-12_22	A31-12_22				
3	TYPE	NORMAL					
4	SHAPE	POLYGON					
5	TITLE	A31_001	A31_002	A31_003	A31_004	A31_005	A31_006
6	UNIT			CAT	CAT	CAT	
7	NOTE						
8	A31-12_22	12	22	静岡県	平成18年6	記載なし	2200
9	A31-12_22	12	22	静岡県	平成18年6	記載なし	2200
10	A31-12_22	11	22	静岡県	平成18年6	記載なし	2200
11	A31-12_22	12	22	静岡県	平成18年6	記載なし	2200
12	A31-12_22	12	22	静岡県	平成18年6	記載なし	2200
13	A31-12_22	11	22	静岡県	平成18年6	記載なし	2200
14	A31-12_22	12	22	静岡県	平成18年6	記載なし	2200
15	A31-12_22	12	22	静岡県	平成18年6	記載なし	2200
16	A31-12_22	11	22	静岡県	平成18年6	記載なし	2200
17	A31-12_22	11	22	静岡県	平成18年6	記載なし	2200
18	A31-12_22	12	22	静岡県	平成18年6	記載なし	2200

これが浸水深コード

図3 データを表計算ソフトへ

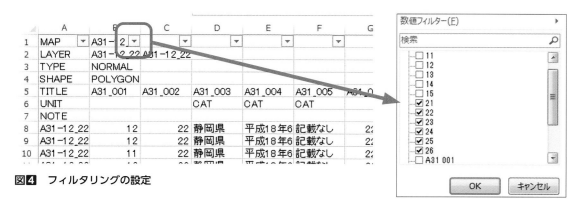

図4 フィルタリングの設定

図5 まとめて削除

　さらに，コード番号以外の列も必要ないので削除してしまいます。

　フィルタを一旦削除し，コード番号の右に浸水深ランクを記入して行きます。VLOOKUP関数を使ってコードを浸水深ランクに変換し，最終行までコピーします（**図6**）。ランクが書

けたら，「TITLE」の欄に「浸水深ランク」とタイトルを書き込み，最初の行のMANDARAコードを含めた文字列を範囲指定してコピーし，必要事項を記入します（**図7**）。

　必要事項を記入したら，表全体を範囲指定して，コピーします（**図8**）。

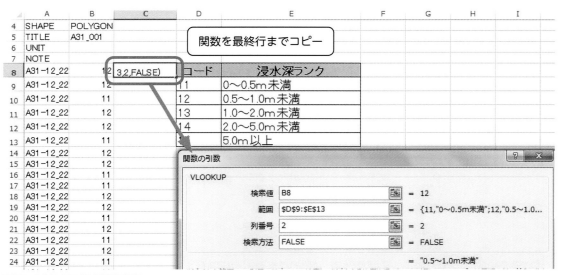

図6 VLOOKUP関数の設定

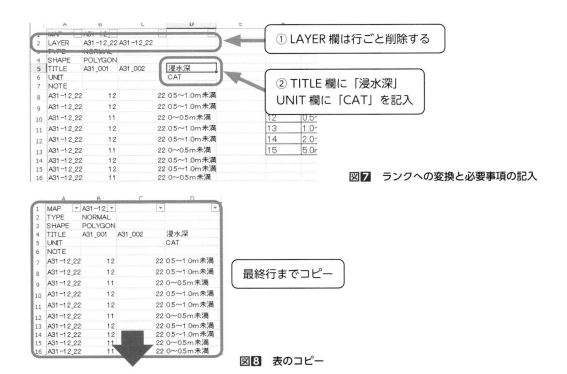

① LAYER 欄は行ごと削除する

② TITLE 欄に「浸水深」
UNIT 欄に「CAT」を記入

図7　ランクへの変換と必要事項の記入

最終行までコピー

図8　表のコピー

2 MANDARAでの浸水域の表示

　クリップボードにコピーしたデータがある状態で，MANDARAのメイン画面に戻り，「ファイル」から「クリップボードからデータの読み込み」を選びます。

　「地図ファイルが見つかりません」という表示が出ますので，OKをクリックします。そうすると，先ほど地図ファイルを保存した「MAP」フォルダが表示されますので，保存した地図ファイル（ここではA31-12_22.SHP）を選び，OKをクリックします。そうすると，改め

てMANDARAにデータファイルが取り込まれます。「単独表示モード」のデータリストから，新たに加えた「浸水深」のカテゴリが表示されるかを確認します（図9）。

　浸水深のカテゴリが表示されたら，津波浸水と同様に，色分け表示の設定をして「描画開始」をしてみましょう。県全体の河川ごとの想定浸水のマップが表示されます（図10・11）。背景地図の設定や，範囲を設定した上でのKMLファイルの書き出しは，津波浸水深マップと同様ですので，そちらを参照してください。

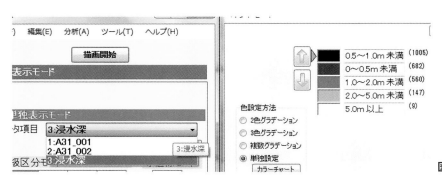

図9　カテゴリ追加の確認

ペイントモード

0.5～1.0m未満	(1005)
0～0.5m未満	(682)
1.0～2.0m未満	(560)
2.0～5.0m未満	(147)
5.0m 以上	(9)

色設定方法
○ 2色グラデーション
○ 3色グラデーション
○ 複数グラデーション
● 単独設定
　カラーチャート
　上下色反転

図10 塗り分けモードの設定

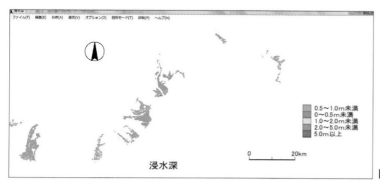

図11 浸水深の表示（初期画面）

③ ブラウザで見る洪水浸水域ハザードマップの作成

　ここまで作った色分けの洪水浸水域マップを
ウェブコンテンツとして出力します。　まず，
地図を書き出したい場所（川の流域）を表示
した上で，「ファイル」から「Googleマップ・
Leafletに出力」を選択します（図12）。

　画面が切り替わり，書き出しの設定画面にな

りますので，必要な設定を行います（図13）。

　設定が終わり，OKボタンをクリックすると，
指定した場所（例えばデスクトップ）にhtml
ファイルが生成され，「ファイルを開きます
か？」と尋ねられるのでOKをクリックします。
すると，ブラウザが立ち上がり，背景に地図画
像（ここでは地理院地図）を持った主題図が表
示されます（図14）。

図12 地図の書き出し指示

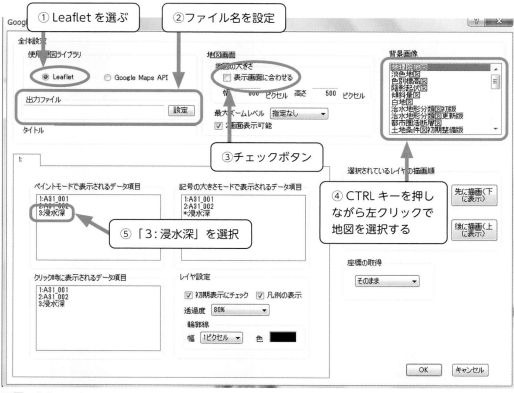

図13 出力の設定

図14 設定完了画面

①地図の切り替え

②2画面表示

図15 ウェブ地図表示

　図中①の「地図の切り替え」ボタンをクリックすると，先ほど選択した背景地図のリストが出ますので，選んで表示を切り替えます。また，図中②の2画面表示をクリックすると，画面が2つに分割され，左右に別々の地図を表示したうえで，左側の地図の移動や拡大・縮小と連動する形で地図を表示することができます（**図16**）。

④ 旧版地形図（今昔マップ）との重ね合わせ

　ブラウザで見る地図ではなく，MANDARA上の表示になりますが，背景地図に旧版地形図

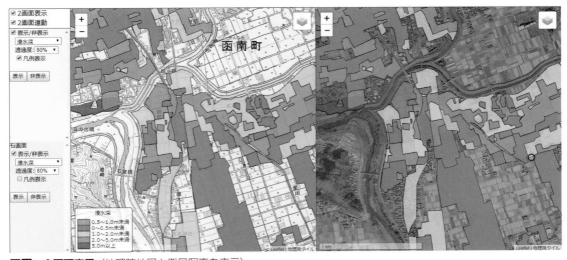

図16 2画面表示（地理院地図と衛星写真を表示）

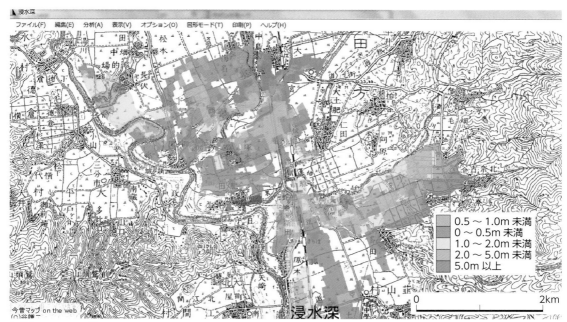

図17　今昔マップ（関東編1928年）との重ね合わせ

凡例:
- 0.5 〜 1.0m 未満
- 0 〜 0.5m 未満
- 1.0 〜 2.0m 未満
- 2.0 〜 5.0m 未満
- 5.0m 以上

閲覧ソフト「今昔マップ」から地図を読みだして背景地図にすることができます。洪水の浸水リスクが高い場所は，もともとどのような土地利用がされてきたのか，自然堤防上にある古くからの集落は，洪水のリスクの観点から見るとどうなのかなど，身近な地域を対象に確認することができます（**図17**）。

　地図を表示した状態から，「表示」→「背景画像設定」を選び，「タイルマップサービス」のなかの「今昔マップ」の各地域，各年代を選びます。重ね合わせる色分け区分図の透過度を上げておいた方がより分かりやすくなります。色分けの段階値の各色をクリックしてプロパティを出し，透過度を調節してみてください。最初の色で透過度を決め，次の色以後は，透過度の数値の入力を繰り返します（**図18**）。

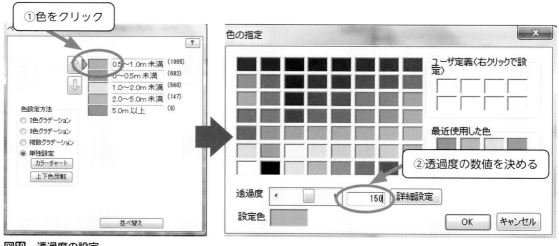

図18　透過度の設定

2-9 ハザードマップを モバイル端末で持ち歩こう

位置情報をつけたハザードマップ画像や，オープンデータから作った自作ハザードマップを，タブレットやスマートフォンに移して外に持ち出せば，防災をテーマとしたフィールドワークの教材になります。Google MapやGoogle Earthを使えば，KMLファイル（色塗りの段彩図のデータなど）やKMZファイル（位置情報を持った地図画像など）を携帯端末上で開いてみることができます。ただし，常時インターネットに接続していることが条件であり，地図によっては読み込みや表示の移動に時間がかかったり，電池の消耗が激しくなったりする上，地図の上に情報を書き込むことはできません。

この項では，位置情報を持った地図画像をオフラインで閲覧できる専用アプリを紹介します。iOS, Android OSどちらにも対応していますが，ここではiOS版を使って説明します。操作は基本的に共通です。

1 デジタル地図帳アプリ 「Avenza Maps」の概要

「Avenza Maps」は，カナダのAvenza社が提供する，携帯端末用の地図閲覧アプリです。同社では，このアプリの利用者向けに，世界中の様々な都市の市街地図や地形図などをダウン

ロード販売しています。ファイルの形式は，地図画像に正確な位置情報を組み込んだ上で，端末上の拡大・縮小表示に合わせて画像を常にくっきりと表わすことができる「GeoPDF」という形式のファイルで提供しています。地図ファイルは1つ100円〜1000円程度です。

Avenza Mapsは，インターネットからダウンロードしたGeoPDFファイルだけでなく，無料GISソフトウェアでも作ることができる「GeoTIFF」ファイルの読み込みにも対応していますので，GPSによる現在地表示や，写真やルートの記録も地図上に書き込めるオリジナル・ハザードマップも簡単に外に持ち出すことができるのが特徴です。日本語版のサイトを携帯端末で開き，「アプリをダウンロード」をタップして端末にインストールします。

2 地図の読み込み

携帯端末（ここでは，iPadのセルラータイプ・GPS内蔵を使用）でAvenza Mapsを開きます。

「アプリをダウンロード」を開く

図1 "Avenza Maps"（日本語サイト）表紙
(https://avenzamaps.jp/)

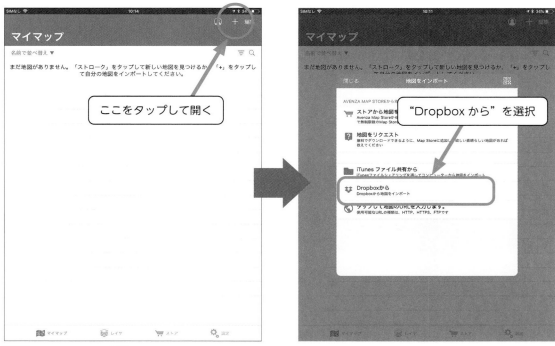

ここをタップして開く

"Dropbox から" を選択

図2　Avenza Mapsを開いたところ

左下の「マイマップ」というボタンをタップすると、地図を格納するページが出てきますが、ここではまだ何も地図を読み込んでいない状態です（図2）。ここに地図を搭載するには、画面左上の"＋"のアイコンをタップします。タップすると、「地図をインポート」という画面が出ますので、ここでは「Dropboxから」を選択します（図2）。

Dropbox（https://www.dropbox.com/ja/）は、インターネット上に仮想のファイル保管場所を構築できるサービスで、無料の「Basicプラン」でも最大2GBの容量を利用することができます。今回のように、パソコンで作成した地図データを携帯端末に移動させたり、携帯端末上で入力したデータを集約して共有するような場合に便利です。

Dropbox経由で地図データをやり取りする際には、パソコンのブラウザからDropboxの会員に登録し、個人のファイルスペースにあらかじめファイルを置いておきます。ここでは、2－3項で作った静岡県西伊豆町のハザードマップ画像を使います。図3は、Dropboxに置いた西伊豆町のハザードマップ画像の一覧です。インポートしたいファイルを選択して（無料体験版では、一度にインポートできるのは3つまでです）、画面左下の「インポート」をタップすると「マイマップ」の地図リスト上に地図ファイルがインポートされます。その際、地図の範囲と現在地との距離（地図の範囲内にいれば「地図の範囲内」と表示）、ファイルサイズの情報が表示されます。どれか1つの地図を選んで開くと、画面全体に地図が表示され、現在地にいれば地図上に現在地を示すアイコン（青い点）が現れます。

どのファイルも拡張子が"tif"になっているのは、位置情報を持ったTIFF形式の画像ファイル（GeoTIFF）であることを示しています。取り込みたい地図をタップすると、チェック

①取り込むファイルを選択

②インポート

③地図がインポートされた

図3 Dropboxからの地図ファイル取り込み

マークが入りますので，左下の「インポート」をタップすると，地図の読み込みが始まります。取り込みが完了すると，「マイマップ」内にそれぞれの地図の小アイコンとファイル名，現在

地から地図の範囲までの距離（地図の範囲内にいる場合には"地図の範囲内"と表示），ファイルサイズの情報が表示されます。閲覧したい地図をタップすると，画面全体に地図画像が表示されます（**図4**）。

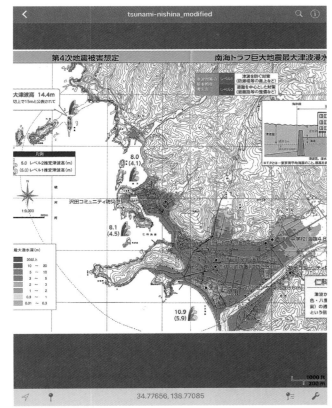

図4 Avenza Mapsで表示されたハザードマップ画像（静岡県西伊豆町仁科地区）

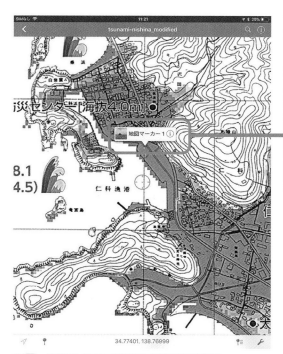

図5 情報アイコンの追加と写真の埋め込み

③ 携帯端末上で野写真や 情報の追加・書き出しと共有

　Avenza Mapsでは，地図上にピンの形のアイコンを追加して文字情報（メモ）や写真を追加することができます（**図5**）。情報を追加した後，各ピンのアイコンをタップするとタイトルと，小さくアイコン化された写真が表示されますので，写真をさらにタップすると保管してある写真を大きく表示できます。

　また，画面右下の「設定」アイコンをタップすると距離の計測や，GPSによる移動軌跡（GPSトラック）の記録，表示範囲のGoogleマップでの表示（インターネットへの接続が必要です），カメラで撮りためた写真の一括取り込みなどを行うことができます。また，地図上に書き込んだメモや写真の記録は，画面右下のレイヤ呼び出しアイコンから「エクスポート」機能を呼び出すと，KMLファイルやCSVファイルとして書き出すことができます。

④ 野外学習・地理学習での 活用の可能性

　これまで，地理の授業での「フィールドワーク」といえば，教師が集団を引率して決まったコースを時間内（概ね授業1時間分）でまわり，必要なところで生徒に配布した地図（地形図の白黒コピーなど）で現在地を確認させて，教師が地図上の表記や景観について解説するというようなスタイルが中心でした。今回紹介したAvenza Mapsは，インターネットに接続しないタブレット（GPSが搭載されているのが理想的です）でも安定的に動作します。地図はカラー表示で，地形図やハザードマップだけでなく，旧版地形図や土地利用図など様々な地図を端末に搭載して現場を歩いたり，生徒に自由に情報を集めさせたりして集約し，気づいたことや考えたことを発表させるといった方法も可能です。Dropboxを介さなくても，ウェブサイト上に地図ファイルをアップし，そのURLをメールなどで配布した上で取り込むようにすれば，生徒が各自持っているスマートフォンでも使うことができます。

　防災学習に限らず，様々な地図を1つの端末で管理する「デジタル地図帳」の有力な教材として，Avenza Mapsの応用の可能性は拡がっていくものと思います。

コラム 2　整備が待たれる「内水氾濫」地図

　「洪水」は，一般に堤防の決壊や越水（えっすい：堤防から水があふれること）による災害を指しますが，河川が氾濫していなくても市街地で側溝や下水の水があふれて浸水被害が起きることがあります。こうした災害を「内水氾濫」と呼びます。

　国土交通省の「水害統計」によると，過去5年間（2016〜2020年）の全国の洪水被害額（2兆4076億円）のうち，約32％にあたる7925億円が内水氾濫によるものです。内水氾濫の被害が特にひどかった令和元（2019）年（被害総額4539億円）には，8月28日におきた九州北部の豪雨により佐賀県で3,944戸（うち佐賀市が2,904戸）が浸水被害に遭いました。また，10月6日におきた台風19号に伴う大雨では，宮城県石巻市で9,537戸，仙台市で1,164戸，川崎市（1,140戸），さいたま市（970戸）など広範囲にわたって被害が発生しました。

　国土交通省の「ハザードマップ・ポータルサイト」によると，日本全国の北方領土を除く1718市町村のうち，洪水ハザードマップをインターネット上で公開している自治体は1,482（86.3％）に対し，内水ハザードマップを公開している自治体は384（22.4％）に留まっています（2024年2月現在）。河川氾濫よりも発生頻度が高く，警戒範囲も広い内水氾濫に備える地図の整備と公開が急がれます。下水道による浸水対策をしている1,108の自治体では，2025年度末までの作成を目標にしています。

　NHKが提供する「全国ハザードマップ」では，2024年2月現在，50の市町村における内水氾濫の浸水範囲をウェブ地図上で表示することができ，洪水ハザードマップとの比較ができます（図1・2）。学校のある自治体に内水ハザードマップがなくても，大都市圏の事例を応用すれば，内水氾濫のリスクや対策を検討するための教材として利用できると思います。

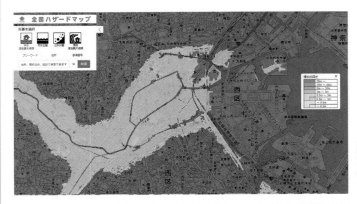

図1　洪水浸水予想範囲範囲（横浜駅付近）
NHK「全国ハザードマップ」（https://
w-hazardmap.nhk.or.jp/w-hazardmap/）
より作成

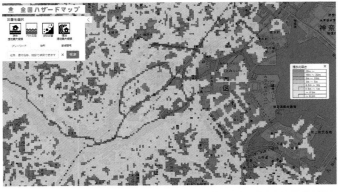

図2　内水氾濫浸水（横浜駅付近）
NHK「全国ハザードマップ」（https://
w-hazardmap.nhk.or.jp/w-hazardmap/）
より作成

3章　防災でめぐる日本

―災害の教訓と先人の知恵を学ぶ

6以上
5～6
4～5
3～4
2～3
2未満

Google Earth

3-1 他山の石の重要性
―危ないところ探しから教訓の追体験へ

① 「ハザードマップ」は万能ではない

防災教育を行う上で欠かせないのが，学校や生徒が住む地域の災害想定を地図にまとめたハザードマップです。地震や津波，土砂災害，洪水など，身近な地域の「もしも」の災害について，その範囲や被害の規模を伝えています。高等学校の「地理総合」における防災の単元でも，積極的に活用することが求められています。

ただ，気をつけたいことは，身近な地域を対象に，ハザードマップや地形図（特に紙地図ベース）のみを主たる教材として「もしも」の事態を考えることだけでは，客観的な判断や災害に即した行動を阻んでしまう可能性があることです。ハザードマップの内容を鵜呑みにするのではなく，似たような環境にある他の地域で実際に起きた災害と比較しつつ，批判的に検討していく姿勢を持つことが何より重要です。

一例を挙げましょう。図1は，東京の東部に位置する江東5区（墨田区・江東区・足立区・葛飾区・江戸川区）による「江東5区大規模水害ハザードマップ」です。

荒川下流の低地に位置する江東5区では，荒川や江戸川の氾濫により大規模な水害に見舞われる可能性のある地域に約250万人が居住しています。平成30年（2018年）8月にハザードマップが公開された際は，メディアでも盛んに取り上げられました。ただ，実際の浸水範囲は，破堤する場所によって大きく異なる可能性があるので注意が必要です。河口からの距離がほぼ同じ地点でも，破堤する場所が左岸（図2，埼玉県川口市：川口駅南東）か右岸（図3，東京都北区；赤羽駅東）かで浸水範囲は大きく異なることがわかります。水害に対する知識やこうした情報の所在を知っていれば，ハザードマップだけを材料に，いたずらに危機感をあおり，「どこは大丈夫か？」を懸命に探させるようなことにはならないと思います。

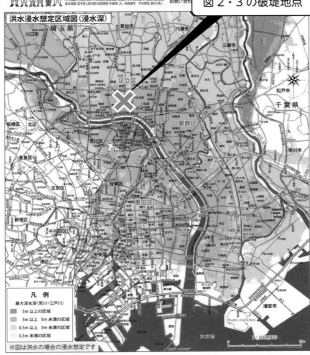

図1　江東5区大規模水害ハザードマップ
（江東区ウェブサイトより，https://www.city.koto.lg.jp/057101/bosai/bosai-top/topics/20180822.html）

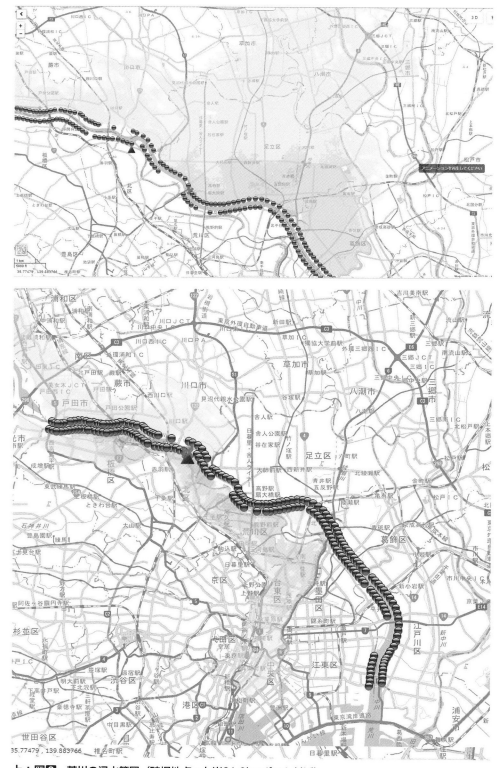

上：**図❷　荒川の浸水範囲**（破堤地点：左岸21.0kmポスト付近）
下：**図❸　荒川の浸水範囲**（破堤地点：右岸20.75kmポスト付近）
（国土交通省「「地点別浸水シミュレーション検索システム」より作成
（https://suiboumap.gsi.go.jp/ShinsuiMap/Map/）

同様の問題は，洪水だけでなく，火山噴火や津波の浸水範囲など，他の災害に対するハザードマップでも起こり得ます。**図4**は，富士山の噴火ハザードマップ（溶岩流の到達範囲）ですが，ここに示されたすべての場所に溶岩が到達するわけでもなければ，噴火口は山頂付近とは限らないのですが，あたかも富士山の山頂から噴火が起こり，全方向的に溶岩が流れていくような錯覚を持ちかねません。実際は，**図5**のように，山頂周辺の側火山のどこかが噴火し，噴火口の位置によって溶岩流が到達する範囲は変わるはずです。また，溶岩流は起きずに火山灰が中心の噴火になる可能性もあります。

国土地理院の「地理院地図」から富士山周辺の赤色立体地図を見れば，山頂をはさんで北西から南東にかけて，たくさんの噴火口の跡を確認することができます（**図6**）。

画像として公開されたハザードマップだけを見て「もしも」を想像するのではなく，別の角度から地図化が試みられたウェブGISを見せたり，時には元のデータに直接アクセスさせたりして，教師あるいは生徒自ら地図を描いてみるような実践が必要なのかもしれません。

2 「遠くのリアル」を教材にする

2003年以降の災害に関する被災状況の地図や空中写真などのデータは，国土地理院ホームページの「防災・災害対応」のサイトにまとめられ，「地理院地図」を介して閲覧することができます。また，フリーGISソフトの「QGIS」の「ジオリファレンサ」機能を使えば，ハザードマップを地形図上に重ねて表示させた上で，必要な情報のみを上からなぞって点や線，面のレイヤとして取り出すこともできます（**図7**）。

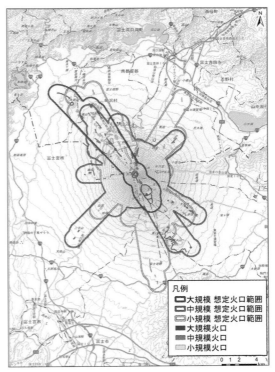

凡例
- 噴火する可能性のある範囲
- 溶岩流が2時間で到達する可能性のある範囲
- 溶岩流が3時間で到達する可能性のある範囲
- 溶岩流が6時間で到達する可能性のある範囲
- 溶岩流が12時間で到達する可能性のある範囲
- 溶岩流が24時間で到達する可能性のある範囲
- 溶岩流が7日間で到達する可能性のある範囲
- 溶岩流が最終的に到達する可能性のある範囲（最大で57日）

※ 200mメッシュのデータによるシミュレーション。
※ 各方向の溶岩流流下は，同時に発生するものではない。
※ 各凡例の全域に，同時に溶岩流が流下するものではない。

[出所：富士山火山防災対策協議会資料（2021年）]

凡例
- 大規模 想定火口範囲
- 中規模 想定火口範囲
- 小規模 想定火口範囲
- 大規模火口
- 中規模火口
- 小規模火口

左：図4 富士山のハザードマップ（1）溶岩流の最大到達範囲
右：図5 富士山のハザードマップ（2）想定される火口の範囲
（富士山ハザードマップ（令和3年3月改定）による）

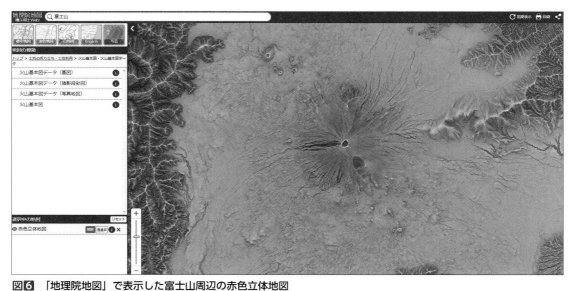

図6 「地理院地図」で表示した富士山周辺の赤色立体地図
アジア航測株式会社の赤色立体地図作成手法（特許3670274、特許4272146）を使用し，筆者が作成した。

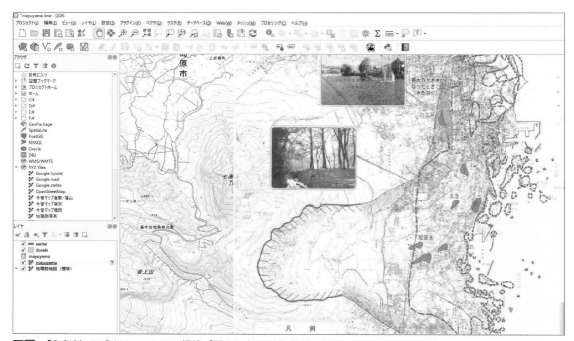

図7 「QGIS」のジオリファレンス機能 「眉山」（島原市）崩壊区域図。背景は地理院地図

　日本の各地で実際に発生した災害から得られる情報を，身近な地域に当てはめて考えて教訓を得ることや，その地域特有の課題を地図に表し，言語化することは，「地理の授業で防災を学ぶ」上で欠くことのできないプロセスになっていくと思います。

　本章では，「防災から見た日本地誌」として，21の代表的な事例地域を選び，紹介しています。授業のなかでの災害事例紹介や，ご自身でハザードマップを作図される際の分析のヒントにしてもらえればと思います。

3-2　試される大雪との共存
（北海道札幌市）

　　北都, 札幌。市の人口は約196万人（2024年1月現在）で, 政令指定都市では横浜, 大阪, 名古屋に次ぐ4番目の人口を誇ります。北海道の人口は1997年（約570万人）をピークに減少を続けていますが（2023年末：509万人）, 札幌市はこの10年で10万人以上人口が増えています。

　　都市の人口増は市街地の拡大をもたらし, 様々な都市問題を引き起こしますが, 雪国の大都市である札幌は, 除雪の問題に頭を悩ませています。雪害の克服にかける金銭的なコストや労力は, 都市の維持・発展に重くのしかかる障害でもあります。

　　札幌の自然環境および社会環境の変化, 除雪をめぐる現状から, 持続可能な都市の維持発展に向けた課題を考えます。

1　地形と気候から見る札幌

　　図1は,「国土数値情報」の「平年値メッシュ」より, 北海道の5mメッシュごとの積雪量（平年値）を見たものです。画面中央に赤い点が打たれ, 白地で「北海道」と書かれている場所が札幌市（北海道庁）の位置です。

　　札幌市の積雪量は100cmで, 一冬の累積値は597cm（平年値）です。人口が200万人近い規模の都市でこれほどの積雪がある場所は世界的に見ても珍しいと言われます。札幌と同緯度（北緯43度）付近の都市と比べてみると, ドイツのミュンヘン（120万人／100cm）, カナダのモントリオール（100万人／215cm）

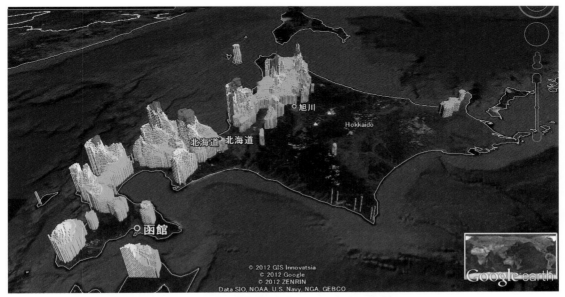

図1　北海道各地の降雪量（最深値）（国土数値情報「平年値メッシュ」より作成）
（緑：100cm台, 黄：200cm台, 白：300cm台, 赤：400cm以上）

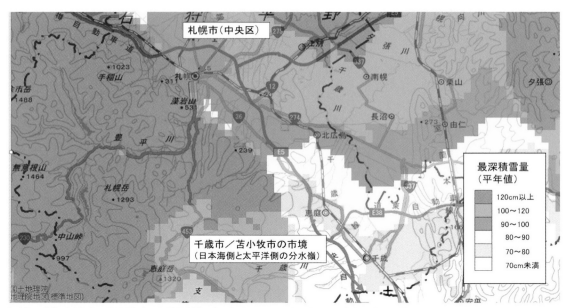

図2 札幌市付近の降雪量 （国土数値情報「平年値メッシュ」。背景は「地理院地図」）

などが挙がりますが，札幌よりも降雪量は遥か
に少なくなっています。これは，札幌が日本海
側に面していて，冬の季節風の通り道になって
いるためです。

図2は，札幌市とその周辺の降雪量を示した
地図です。札幌市の中心街は，石狩川支流の豊
平川の扇状地上にあります。「さっぽろ」の地
名は，諸説はありますが，市内を流れる豊平川
をアイヌ語で「乾いた大きな川（サッ・ポロ・
ペッ）」と呼んだことに由来するとされます。
赤い矢印が指す札幌市中央区（道庁・市役所）
の積雪量は100cmですが，ここより北東側（厚
別区から江別市・夕張市方面）と，南西側（手
稲山・藻岩山方面）で積雪量が120cm以上に
なっています。一方で，南東の北広島市から恵
庭市，千歳市方面では降雪量は少なくなり，新
千歳空港付近にある日本海側と太平洋側を隔て
る分水嶺（千歳川と美々川の分水嶺：千歳市と
苫小牧市の境界）を越えると雪の量は一気に少
なくなります。ちなみに，苫小牧市の積雪量(平
年値）は20cmです。

② 札幌市の変化と除雪を巡る諸問題

図3は，札幌市内の10行政区ごとの人口の
変化（1999年～2020年）と道路網，および
雪堆積場の分布を示した地図です。

最も人口が増加したのが中央区で，1999年
17万3214人だった人口が2020年に24万3278
人になりました。11年間で約7万人，40.8％の
増加です。次いで中央区の北隣の北区が約3万
1844人（12.4％）増加しました。以下，豊平区
（22158人増），西区（17809人）東区（17508人），
白石区（17481人）と，中心街に近く，地下鉄
で直結している区で人口が1万人以上増加しま
した。その外側にあたる郊外の区の人口増加は
1万人以下で（清田区7984人，手稲区：7362人），
厚別区（－493人）と南区（－17863人）は人
口が減少しています。

市の中心部で人口が増加し，郊外の人口が伸
び悩み，あるいは減少している背景には，市中
心部での集合住宅（特に分譲マンション）の増
加と，それに伴う郊外や札幌市外からの人口流

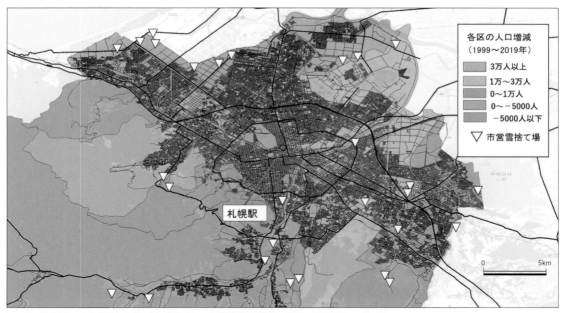

図❸ 札幌市の各区別人口増減と道路網・雪堆積場の位置（札幌市資料より作成）

凡例：
各区の人口増減
（1999〜2019年）
- 3万人以上
- 1万〜3万人
- 0〜1万人
- 0〜−5000人
- −5000人以下
▽ 市営雪捨て場

0　5km

札幌駅

入が関係しているものと思われます。札幌市の資料によると，平成10年（1998年），札幌市内の集合住宅の総数は43万8090戸（全住宅に占める割合：61.2%）でしたが，平成30年（2018年）には59万2000戸（同：64.3%）にまで増えました[1]。住民の高齢化が進むなかで，毎朝の雪かきや暖房用の燃料の運搬，通勤や買い物のために雪道を運転しなければならない郊外の戸建て住宅から，都心部のマンションに移る流れができているようです。

人口が伸び悩んではいるものの，一度宅地化された道路は除雪しなければなりません（**写真❶**）。市が建設業者に委託している除雪対象道路の総延長は，平成11年（1999年）に4400kmでしたが，平成28年（2016年）には5416kmに拡大しました[2]。札幌市の除雪費用は平成17年度（2005年）に67億6600万円だったものが，令和元年度（2019年）には215億1300万円にまで膨らんでいます[3]。一方で，市内の空き家の数は平成10年（1998年）に10

万6810戸でしたが，平成30年（2018年）には12万5400戸にまで増えており，除雪の担い手が減り，住みづらくなった郊外から中心部に移る人の流れは今後加速していく可能性があります[4]。

夜間の除雪作業で沿道に寄せ集められた雪は，運搬を担当する業者によってトラックに積み込まれ，雪堆積場に運ばれます（**写真❷・写真❸**）。しかし，郊外の宅地化が進むにつれて，雪堆積場の場所は年々市街地から離れて行き，輸送コストや人件費が高まっていることも，除雪予算を押し上げている要因の一つになっています（**図❹**）。

運搬される雪の量は一冬に約1900万m^3（10トン積みダンプで135万台分）にもなり，排雪にかかるコストは道路100m当たり24万円にのぼります[5]。金銭的なコストはもとより，輸送で発生する二酸化炭素や大型ダンプが日常的に走行することによって生ずる交通渋滞や事故のリスクも考えられます。

写真❶　夜間の除雪作業
(tkyszk ／ PIXTA)

写真❷　沿道に寄せられた雪の積み込み
(筆者撮影)

写真❸　雪堆積場
(YsPhoto ／ PIXTA)

図❹　札幌市の雪堆積場開設状況マップ
(https://www2.city.sapporo.jp/kensetsu/yuki/taiseki/map.html)

③ 大雪と都市生活の共存は可能か？

　2009年，札幌市は「冬のみちづくりプラン」を策定し，市の負担で行ってきた除雪作業の選択と集中，住民による除雪作業への積極的な関わりを求める政策を打ち出しました。

　市が負担して除雪を行う道路を原則として幅員10m以上の幹線道路に絞り，それ以下の生活道路については地元の町内会が半分費用を出して行うことにし，排雪の一部を地域の公園や民有地に置いて行くことでコスト削減を図るものです。

　増加を続けてきた札幌市の人口は，2021年に初めて減少に転じました。札幌市の試算では，2045年に175万人，2060年には143万人にまで減少し，高齢者率は64％に達すると予測しています[6]。

　豪雪に見舞われる他の都市と同様に，中長期的には「コンパクトシティ」化は避けて通れないのかもしれませんが，快適な都市生活と雪対策をどう両立させていくのか，環境への負荷や財政負担を抑えつつ，持続可能は発展をすることは可能なのか。北の都は大いに試されていると言えるでしょう。

1）札幌市（2019）『平成30年「住宅・土地統計調査」結果の概要』
2）札幌市「年度別除雪指標」(https://www.city.sapporo.jp/kensetsu/yuki/jigyou/documents/jp5.xls)
3）札幌市ホームページ「過年度の雪対策予算」(https://www.city.sapporo.jp/kensetsu/yuki/jigyou/yosan_kako.html)
4）出典は1)に同じ
5）札幌市ホームページ「除雪の回数を減らして排雪を増やしたらどうかな？」https://www.city.sapporo.jp/kensetsu/yuki/ehon/08.html
6）札幌市（2017）『札幌市さっぽろ未来創生プラン－人口ビジョン編』

3-3 「ブラックアウト」の教訓
（北海道胆振東部地震）

　2018年9月6日（木）未明，北海道胆振地方を震源とするM6.7の地震が発生しました。プレート内で発生した逆断層型の地震で，震源の深さは37km，震源付近の厚真町鹿沼において，北海道初となる震度7を観測しました。

　翌日，気象庁は「平成30年北海道胆振東部地震」と命名。胆振地方では土砂崩れが発生し，札幌市など15の市町村の約2,900箇所で液状化現象による被害が発生しました。また，地震発生から2分後の午前3時9分に発生した停電は北海道全域に波及し，3時25分には離島などを除く約295万戸で，約50時間にわたって電気の供給がストップしました。「ブラックアウト」と呼ばれる超広域停電は2000年代以後，北米やヨーロッパなどで起きていますが，日本で発生するのはこれが初めてです。

　経済産業省は，地震から5日後の9月11日に，外郭団体である「電力広域的運営推進機関」に「平成30年北海道胆振東部地震に伴う大規模停電に関する検証委員会」（委員長：横山 明彦　東京大学大学院教授）を設置し，原因の究明と再発防止策の検討を行いました。同委員会は2018年12月19日に「最終報告」を日本語と英語で公開しました（以下，「最終報告」と略記）。今回は，この報告書の内容を地図化した上で，北海道における電力供給の地域的な特性と停電発生の仕組み，他の地域での備えにつながる教訓を読みとっていきたいと思います。

❶ 北海道の電力事情

　ブラックアウトについての検証に入る前に，日本の電力供給における北海道の地域性について概観します。図❶は，日本の大手電力会社の管轄地域ごとの年間発電量（平成30年度）を示した地図です。

　北海道電力の年間発電量は214億7658万kWhですが，これは東京電力の12％，九州電力の約3分の1の規模しかありません。北海道は，人口では九州の半分以下（沖縄を除く九州7県で1264万人，北海道は514万人：2022年10月現在）ですが，面積では九州の2.2倍あります。より広い範囲に着実に電気を届けなければならない分，設備の維持に人手やコストがかかることが想像されます。

　図❷は，北海道内の発電所の分布と主要な送電線の経路を示した地図です。人口が集中する道南地域から地震の震源地となった胆振地方にかけて，基幹幹線である27万5000Ｖの送電線があり，沿線には知内（重油），伊達（重油），苫小牧（重油・天然ガス），苫東厚真（石炭），砂川（石炭）の火力発電所があります。また，日高山脈から大雪山系，羊蹄山周辺に水力発電所が集中しており，電源地帯を囲む形で準幹線の18万7000Ｖの送電線網があります。

　津軽海峡を結ぶ海底送電ケーブルの2系統は，「北本連携線」と呼ばれています。下北半島から渡島半島を通る線は電源開発社の所有で，1979年に供給が開始され，12万5000Ｖが1系統，25万Ｖが2系統の送電線で最大1050MWを供給できます。もう一方の系統は，

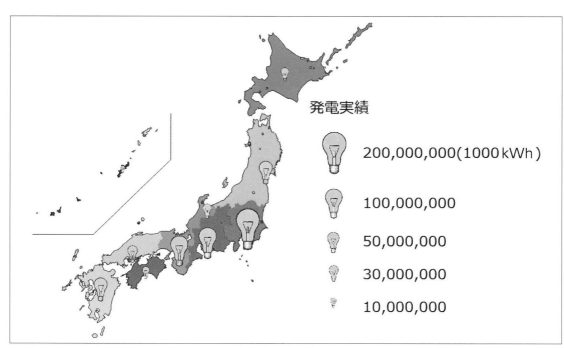

図1 電力会社別の年間発電量（「電力調査統計」平成30年度版）

発電実績

200,000,000(1000kWh)

100,000,000

50,000,000

30,000,000

10,000,000

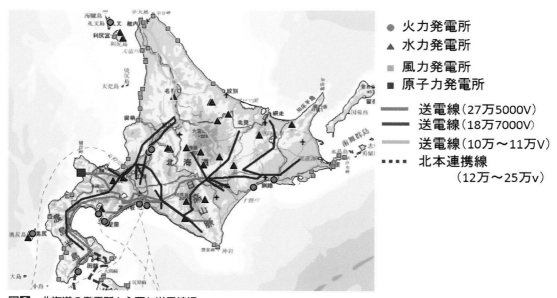

● 火力発電所
▲ 水力発電所
■ 風力発電所
■ 原子力発電所

━━ 送電線（27万5000V）
━━ 送電線（18万7000V）
━━ 送電線（10万〜11万V）
‥‥ 北本連携線
　　（12万〜25万v）

図2 北海道の発電所と主要な送電線網
（国土交通省「国土数値情報」，北海道電力ウェブサイトより作成背景は地理院地図）

青函トンネル内に敷設された送電線で，今回の北海道胆振東部地震の被害を受けて着工が決まり，2019年3月28日に供給が開始されました。北海道電力の所有で出力30万kWの電力を供給できます。電力会社同士で融通される電力は，基本的に交流の状態でやり取りされますが，「北本連携線」では，長距離の海底送電における安定性とロスを最小限に抑えるため，青函トンネル内では直流に変換した上で送電する形をとっています。

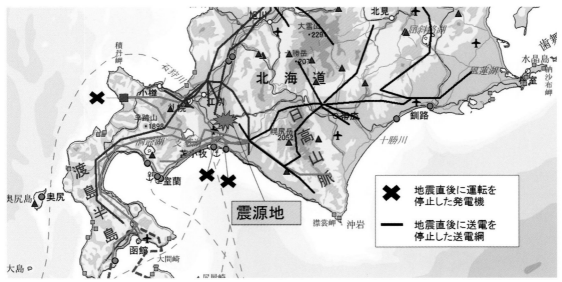

図3 震源地と運転停止になった発電所 (2018年9月6日午前3時7分)

凡例:
- ✖ 地震直後に運転を停止した発電機
- ━ 地震直後に送電を停止した送電網

地図中: 積丹岬、石狩川、小樽、札幌、江別、旭川、北見、屈斜路湖、羊蹄山・1898、大雪山・2290、風連湖、水晶島、納沙布岬、根室、十勝岳・2077、洞爺湖、苫小牧、室蘭、帯広、釧路、日高山脈、幌尻岳・2052、十勝川、渡島半島、函館、大間崎、奥尻島、奥尻、大島、襟裳岬、沖岩、北海道

震源地

② 地震発生から「ブラックアウト」まで

2018年9月6日午前3時7分に発生した地震で、震源地に近い「苫東厚真火力発電所」では、3基のうち2基が緊急停止しました（**図3**）。ボイラー管が破損し、この時点で道東・道北方面への送電が停止（地図上で黒いラインにした範囲）しました。この停電により、泊原子力発電所（現在、1〜3号機が定期点検、再稼働に向けた審査中）が外部電源を喪失し、非常用電源に切り替わりました。

図4は、地震発生から18分後の午前3時25分、北海道全域が停電になった時の状況を示す地図です。被害を受けた苫東厚真火力発電所に加えて、函館、知内、砂川の火力発電所が、周波数の異常急減を受けて自動停止しました。周波数は、交流電源の電極が入れ替わる頻度を表わしたもので、電力の需要と供給のバランスを測る目安になっています。東日本では50Hz、西日本では60Hzを標準としていますが、電力が供給過剰になれば周波数は上がり、需要過多あるいは供給が急減すると周波数は下がりま

す。周波数の急変は発電機の運転の安定性に直結するため、火力発電所や原子力発電所では、許容範囲を超えると自動停止するようになっています。周波数の急変は、災害時以外にも頻繁に起きる現象で、例えば冷暖房機器の利用の増加による電力需要の増大や、発電量が需要を上回り電力が余ることなどにより発生します。電力会社間の電力融通は、電力の過不足を補う形で機能しています。

今回の地震による電力不足に対して、緊急救援的に本州からの送電が行われましたが、北海道独自の送電システムが障害になりました。津軽海峡を渡る際に一旦直流に変換された電気を交流に戻す必要がありますが、北海道側の玄関口である七飯変電所の変換機が停電で作動しなかったのです。水力発電はできていたのですが、水力発電所の電気を基幹幹線につなぐ送電線の破損が激しく、道南エリアへの送電ができませんでした。本州からの救援電力を使うこともできず、地震発生から18分後、北海道全域が停電という前代未聞の結果を招いたと「最終報告」は結論づけています。

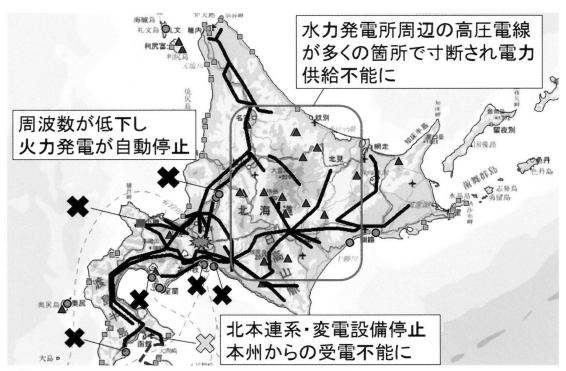

水力発電所周辺の高圧電線が多くの箇所で寸断され電力供給不能に

周波数が低下し火力発電が自動停止

北本連系・変電設備停止本州からの受電不能に

図4 **震源地と運転停止になった発電所**（2018年9月6日午前3時25分）

③ 「北海道ブラックアウト」の教訓

　北海道の電力供給の地域的な特徴と，地震発生からブラックアウトまでの過程を見ました。震度7を記録したとはいえ，内陸部の局地的な地震の被害を直接受けていない地域を含めた広い範囲に想定外の停電が発生することは，これまで日本ではなかった現象です。

　北海道は管内での発電量が少ない一方で，送電範囲が広く，山間部の水力発電への依存度も高いため，自然災害による送電線の破損が管内の電力供給全体に深刻な影響を与えることが今回の地震で明らかになりました。地震による被害だけでなく，台風や積雪，融雪による河川の増水，倒木など，送電線をめぐる災害リスクは多様です。

　奇しくも，北海道胆振東部地震からほぼ1年後に起きた令和元年房総半島台風（2019年台風15号）による関東地方の大停電（2019年9月9日：送電塔2本と電柱84本が倒壊した千葉県を中心に最大93万戸が停電）では，広範囲に渡って送電線が寸断され，地域によっては2週間以上停電が続きました。林業の衰退で放置されたスギに病気が蔓延し，倒木が相次いだことも，原因の1つとされています。

　電気に限らず，普段当たり前のように使っているインフラが，実に繊細なバランスの上に成り立っていること，地域による特性を活かして最適化されていること，一度ダウンすれば広範囲かつ長期的な影響を受けるおそれがあることがわかりました。電力会社ごとの電源配分の違いや送受電の関係から地域性を把握したうえで，身近な地域の送電線の位置を把握する（「地理院地図」で見ることができます）などして，「日本の電力」と「防災」を絡めた地理の授業が展開できるのではないかと思います。

3-4 津波の爪痕を伝える
（宮城県多賀城市）

「震災記憶地図」というスマートフォンアプリがあります（**写真❶**）。

京都のベンチャー企業Srlory社（発表当時はATR Creative社）が2011年4月に公開を始めたiOS用の無料地図アプリです。

もともと，自治体からの注文を受けて観光案内図などのアプリ化を手がけていた同社が，東日本大震災の復興支援として地図の管理システムを無料公開したもので，専用のウェブサイトを介することで，図法や縮尺が必ずしも正確でない観光絵地図や古地図でも，歪みを補正してGPSによる位置情報の表示に対応できるなど，当時としては画期的なサービスでした。

写真❶・❷　「震災記憶地図」（表紙と地図画面）

筆者は，主査を務める日本地図学会の学校GIS教育専門部会の活動として，被災地の各自治体・観光協会に地図の利用許諾と元画像データの提供を受けてアプリに地図を載せる活動を行ってきました[1]。この時の活動が縁で，宮城県の県立高校に招かれて2回にわたって地理の特別授業とフィールドワークをさせてもらいました。地元を襲った津波の爪痕を記録し，伝え残そうとしている高校生の活動を紹介します。

❶ 多賀城市および多賀城高校の概要

多賀城市は，人口約6万3000万人（2020年5月現在）で，住民の43％が仙台市に通勤するベッドタウンであり，仙台港周辺には，戦前の海軍工廠から続く工業地帯を擁します。

東日本大震災では砂押川（すなおし）の河口から津波が遡上し，市内の3分の1にあたる660ヘクタールが浸水しました。**図❶**は，浸水範囲と遡上した津波の高さを棒グラフで表したものです。河口から4km入った多賀城市役所付近でも最大6.2mの津波に襲われました。この津波で188人の方が犠牲になりました。多くは国道43号

線などの幹線道路上や仙台港付近で車ごと流されたと見られ，犠牲者のうち約半分の93人が市外在住者であったことは，他の被災地に見られない特徴です。

宮城県立多賀城高校は，1976年に開校した全日制高校で，2016年に防災を学ぶ専門学科の「災害科学科」（40名）が設立されました。2002年に開設された兵庫県立舞子高校に続く全国2番目の学科で，普通科のカリキュラムをベースに，防災に関わる学校特設科目を学ぶものです。2016年に文部科学省の「情報教育推進校」の認定を受け，1人1台タブレット端末（iPad）を所有させて授業を行っています。

図1　多賀城市における津波到達範囲と遡上高（単位：m）

凡例（左上）
- 6以上
- 5〜6
- 4〜5
- 3〜4
- 2〜3
- 2未満

多賀城市役所

宮城県立多賀城高校

Google Earth

1 km

筆者は，開講1年前の2015年の春に多賀城高校での授業を依頼されました。防災科学科の開講を控え，GISやタブレットを使った防災科学科の新しい学びをイメージする授業の提案をして欲しいとのことでした。同年6月2日に3年生の「地理」で特別授業を行い，8月1日に，生徒会有志の皆さんの案内で，タブレットを実際に外に持ち出してのフィールドワークを行いました。その際，「震災記憶地図」による地図の活用を提案しました。

② 震災当時の新聞記事を　地図に載せて持ち出す

写真3・4は多賀城高校で行われた授業の様子です。3年生の「地理B」（1時間）と，「総合学習」をセットにしていただき，3時間の連続授業を行いました。

最初の1時間は，ガイダンスと「震災記憶地図」のサーバへの地図の搭載，続く1時間は学校で保存している新聞記事を各自のタブレットで撮影して地図上に載せる作業，最後に班ごと

写真3・4　多賀城高校での授業風景

に選んだ記事を発表してもらった上で，お互いのタブレットで確認する形で進めました。

多賀城高校では，2011年3月の発災から避難所の開設，復興に向けた取り組みをアーカイブするために，ローカル紙が切り抜きではなく，新聞そのままの形で保管されています。生徒はそれらの新聞をめくりながら記事を選び，地名を頼りに地図上に載せていきました。背景地図には日本地理学会が作製した津波浸水地図を用いました。

40名の生徒さんを相手に，全くゼロの状態から地図の位置合わせの仕方，新聞記事画像の搭載などを体験してもらいましたが，たくさんの生徒が一度に地図サーバにアクセスしたため作業が一時停止してしまうなどのアクシデントにも見舞われましたが，最終的にはほぼ全員がタブレットに地図と新聞記事を載せることができました（**写真5・6**）。

8月1日，改めて多賀城高校を訪問し，生徒会の皆さんの案内で，授業で作った「震災記憶地図」を持って多賀城市内をフィールドワークしました。

震災当時，多賀城高校では，帰宅が困難になった生徒108人が校内で一夜を明かしました。家が被災した生徒，家族や親類を亡くした生徒もいたそうです。生徒達は，震災直後から様々な取り組みを行ってきましたが，なかでも規模が大きく，代々受け継がれてきたのが，津波の到達高を示す看板の設置活動です。

案内してくれた生徒さんによると，津波による浸水から4年経った当時でも，市内のあちこちで津波の跡を見つけることができるそうです。道路や住宅地は瓦礫が撤去され，泥もほとんど見ることはできませんが，金属製の門柱を瓦礫が引っ掻いた跡や，電柱や歩道橋の裏にこびりついた泥の跡などを見ることができます。

写真5・6　地図のアプリ化と新聞記事の埋め込み
（ピン型のアイコンに触れると新聞記事が開く）

写真**7**・**8** 生徒が設置した津波の高さの記録看板

2012年7月から，先生の指導を受けて測量機器の扱いを学び，地表からの高さを測量することで，その地点の津波の浸水深さを求めた上で，金属製のプレート「津波波高標識」を制作して設置してきました（**写真7**・**8**）。活動は先輩から後輩に受け継がれ，現在市内に150箇所の標識が設置されています[2]。

❸ 防災教育のリーダー校として

平成31年（2019年）3月，多賀城高校災害科学科の1期生が卒業しました。国公立・私立大学，看護専門学校，自衛官など多彩な進路を選択されています。学校は2017年度から文科省の「スーパーサイエンスハイスクール」に指定され，同年より始まった「国連世界津波の日高校生サミット」には毎回代表を派遣して，取り組みを国内外に発信しています。

アプリ「震災記憶地図」は，その後改良・発展が進み，現在は地域やOSを限定せずにウェブサイト経由で地図の搭載や情報の埋め込みが可能な"Stroly"という無料アプリが公海され

ています[3]。日本語版，英語版を備えており，外国からのユーザーも多くいるようです。また，これまでは原則としてパソコンから行っていた地図の搭載の作業も，タブレットやスマートフォンから行えるようになっています。

今後，震災の記憶が薄い生徒が大半を占めてくるなかで，被災時の記憶や現実の空間に刻まれた遺構をどう残し，実感を持って伝えていくかは共通の課題です。防災教育のリーダー的な存在として，全国的な知名度のある多賀城高校ですが，学校の財産とも言える津波高標識や新聞のストックのアプリ化を進め，活用されることを期待しています。

1）伊藤智章（2012）「震災記憶地図－防災教育から復興教育教材へ」，地理57（5），103〜107p
https://itochiriback.up.seesaa.net/image/shinsaikioku.pdf
2）津波高標識の設置経緯や活動については以下の資料が詳しい。
多賀城高校「多高通信」（2015年4月20日号）
https://tagajo-hs.myswan.ed.jp/wysiwyg/file/download/1/2171
3）https://stroly.com/ja/

3章

3-5 「釜石の出来事」のその後
（岩手県釜石市）

　2011年3月11日に発生した東北地方太平洋沖地震（東日本大震災）で，岩手県釜石市では9〜19mの津波が到達し，全壊家屋2599棟，1046人の方が犠牲（死者888人，行方不明者158人）となる大惨事に見舞われました。そのようななか，児童・生徒の犠牲者を一人も出さなかった釜石市立鵜住居小学校・釜石中学校（同敷地内にある）の避難行動は，「釜石の出来事」として広く知られることになりました。[1]

　悲劇のなかの一筋の光明，復興の象徴として取り上げられる「釜石の出来事」ですが，その後の住宅やコミュニティの再編をめぐる地域の課題や，子供たちの通学問題など，復興をめぐる課題も多く抱えています。釜石市の統計資料を基に，被災者の居住地の変遷を地図にし，復興課題をめぐる地域的な特性について考えてみたいと思います。

1 津波の到達と避難所の分布

　図1は，地震発生から10日後，2011年3月21日の時点での釜石市内の避難所の分布と津波の到達範囲を地形図上に重ねたものです。釜石市は七つの行政区に分けられ，被害状況や避難者数，人口の推移などの統計が記録されています。

　家屋の被災率が最も高かったのが鵜住居小学校・釜石東中学校のある鵜住居地区で66.3％（2,515戸中1,670戸が損壊），次が市中心部の釜石地区で41.8％（3,270戸中1,366戸が損壊）でした。鵜住居地区の死者・行方不明者は586人で，市内で最も多く，次いで釜石地区が252人でした。両地区で釜石市の死者・行方不明者数（973人）の86％を占めます。

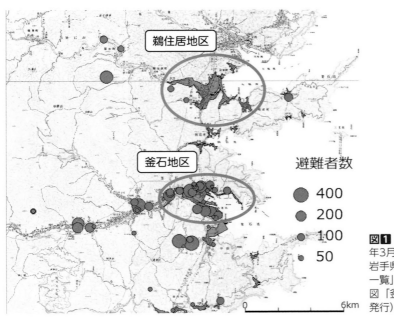

鵜住居地区

釜石地区

避難者数
- 400
- 200
- 100
- 50

図1 避難所の分布と避難者数（2011年3月21日現在）
岩手県災害対策本部情報版「避難場所等一覧」より作成背景地図は5万分1地形図「釜石」（平成15（2003）年3月1日発行）

0　　　　　6km

※1　釜石市では，2013年3月，庁議で「釜石の奇跡」を使用せず，公文書等で「釜石の出来事」を使っています。本稿も，「釜石の出来事」の用語で統一します。

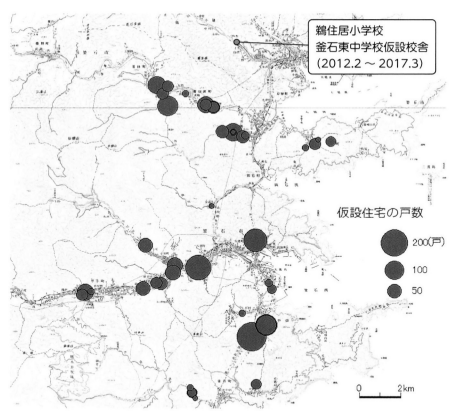

鵜住居小学校
釜石東中学校仮設校舎
(2012.2 ～ 2017.3)

仮設住宅の戸数

200(戸)

100

50

0   2km

図2　津波浸水範囲と避難所の及び避難者数の分布
(2011年8月，背景地図は図1に同じ)

　　両地区の避難所の分布を比較してみると，釜石地区では津波の浸水域の端を囲むような形で避難所が集中しているのに対し，鵜住居地区では浸水域から遠く離れたところに避難所が点在していることが分かります。斜面や高台に公共施設が多く立地している釜石地区に対し，住居も公共施設も平地に集中し，その多くが浸水してしまった鵜住居地区の住民たちは発災直後から居住地から離れた場所で避難生活を送ることを余儀なくされました。

**② 仮設住宅の開設と
仮設校舎での学校再開**

　　図2は，釜石市内に開設された仮設住宅の分布を示した地図です。仮設住宅は，釜石市の最も早いところで2011年の5月から入居が始まり，8月5日までに入居が完了しました。

　　高齢者や乳幼児がいる世帯など，優先度が高い住民から順次仮設住宅へ入居していったため，各地区の避難所に集まっていた住民は，バラバラに分散して住むことになりました。津波で校舎が使えなくなった鵜住居小学校と釜石東中学校は，震災当初は市内の小中学校に間借りして授業を再開し，2012年3月に，両校は元の校地から約7km離れた内陸部にプレハブの仮設校舎を建設しました。仮設住宅に住む児童生徒は，学校までスクールバスで通うことになりましたが，児童生徒によっては，片道1時間以上かけて行き来せざるを得なくなりました。そうした状況はすぐに改善されることもなく，仮設校舎での授業は2017年3月まで約5年間続きました。

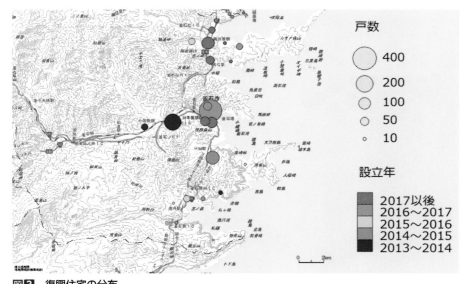

図3　復興住宅の分布
釜石市「復興公営住宅整備位置図」（平成30年12月）より作成。背景地図は「地理院地図」

戸数
400
200
100
50
10

設立年
2017以後
2016～2017
2015～2016
2014～2015
2013～2014

③ 復興支援住宅の開設と住宅地の再造成

　図3は，復興住宅の団地ごとに設立年と戸数の規模を表わした地図です。最初に整備されたのは，中心地の釜石地区の西側に位置する上中島地区で，2013年5月に市営住宅54戸が，10月に大戸川の上流の野田地区に32戸が完成しました。平成28（2016）年には，釜石市の中心部に378戸の集合住宅が完成しました。対して北部の鵜住居地区では，津波で壊滅した市街

地の再生をめぐっての計画策定が難航し，復興支援住宅の供給が大幅に遅れ，入居が始まったのは震災から6年近くたった平成29（2017）年12月になってからでした。

④ まとめ

　図4は，釜石市の7つの行政区ごとの人口および世帯数の増減を比較した地図です。最も世帯数が減っているのが鵜住居地区（－829世帯）で，人口減少率は40.6％でした。それに

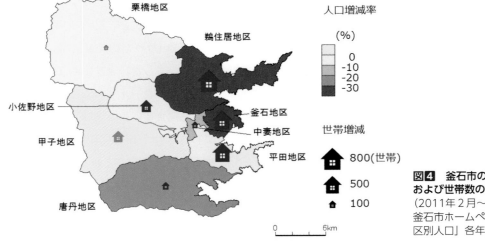

人口増減率
(%)
0
-10
-20
-30

世帯増減
800(世帯)
500
100

図4　釜石市の行政区別人口および世帯数の増減
（2011年2月～2018年3月）
釜石市ホームページ：「行政区別人口」各年版より作成

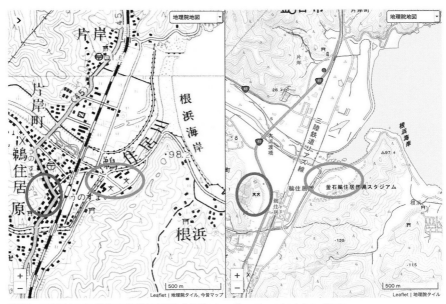

図5　震災前と震災後の鵜住居地区「今昔マップon the Web」で作成
左：5万分1地形図「釜石」（2003年），右：地理院地図
赤い○が鵜住居小学校・釜石中学校の旧校舎，青の○が新校舎の位置

**写真1　鵜住居小学校・釜石東
中学校新校地より鵜住居駅，旧
校地（建設中の釜石鵜住居スタ
ジアム）方面を望む**
（2019年3月撮影　写真提供：
菊池 勇一氏）

次ぐ釜石地区（−614世帯）では，人口減少率は54.2％と市内で最も高くなっています。対して釜石地区に隣接する甲子地区では，世帯数が224世帯増加し，人口も130人増加しています。

　2017年3月15日，鵜住居小学校・釜石東中学校の新校舎が完成しました。海岸から2km内陸に入った山の斜面を切り崩した高台に位置する新校舎からは，盛土で嵩上げした国道や復興公営住宅と新しい住宅地,旧校地に建設され,

2019年夏のラグビーワールドカップの会場となった「釜石鵜住居復興スタジアム」が望めます（**図5・写真1**）。

　同じ街のなかでも，復興の速さや抱える課題にも大きな違いがあります。「奇跡」あるいは「成功」と「失敗」のように安易にレッテルを貼ることなく，地域の現状と課題を丁寧に見つめる姿勢が「地理」において防災を教える私たちに求められているのではないでしょうか。

3-6　持ち出すGISで記憶をつなぐ
（新潟県長岡市）

　平成16年（2004年）10月23日17時56分，新潟県中越地方を震源とするマグニチュード6.8の地震が発生しました。震源に近い新潟県川口町では，観測史上初めての震度7を観測しました。震度7は，1996年に制定された新たな震度分類（10段階）の最高値で，この地震が制定以降初めての観測となりました。

　この地震で中越地方では崖崩れや地滑りが頻発して多くの集落が孤立した上，頻発する余震による被害を心配した住民が避難所に集中して大混雑となり，自家用車で寝泊まりする避難者が肺血栓症（エコノミークラス症候群）で相次いで亡くなるなど，避難をめぐる新たな課題が浮き彫りになった災害でした。この地震による死者は68人，全半壊家屋は17,982（全壊4,172，半壊5,710）にのぼりました。

　大災害が発生した直後は，復旧復興に向けた大規模な被害状況の調査が行われ，現場の映像や証言が報道され，映像や記事として残されます。また，リアルタイムに災害に遭遇した方々の証言を記録し，アーカイブすることができます。ただ，それらの多くは時間の経過とともに忘れ去られ，風化してしまいがちです。特に震災を直接経験していない若い世代や域外からの訪問者に災害の記憶をどう伝え残していくかは，どの被災地にも共通する課題ではないかと思います。

　この課題に対して，GIS（地理情報システム）を使って何ができるのか，国土地理院のデータアーカイブと被災地である長岡市の施設を取り上げ，防災教育への応用を考えてみたいと思います。

1　「地理院地図」で見る新潟中越地震

　図**1**・**2**は，「地理院地図」で作図した中越地震の被災の概要です。「地理院地図」には，地形図上に重ねる様々なレイヤデータがありますが，その一つに「近年の災害」があります。被害の分布を示したデータや，位置情報付きの写真などが災害ごとにまとまっており，地理院地図上で表示することができます。新潟県中越地震は，「地震」カテゴリのなかで最も古い情報になります。

　2004年10月23日17時56分に発生した本震では最大震度7を記録し，18時11分と18時34分に最大震度6強を記録する強い余震が発生しました。その結果，震源地付近では広範囲にわたって崖崩れや地滑りが発生し，平野部から山間部に通じる道路が寸断されました。国土交通省によると，3,791箇所で斜面崩壊が確認され，道路の寸断（**写真1**）は6,000箇所以上にのぼり，長岡市など4市2町1村で61集落が孤立状態になりました。崩落した土砂が川に流れ込んで河道閉塞が生じ，天然ダムができました。特に旧山古志村（現長岡市山古志）の東竹沢地区にできた天然ダムは巨大で，流域面積18.6km^2，湛水高31.5m，湛水量256万m^{2}に達しました。一部の家屋が水没し，天然ダムの決壊による土石流の発生が懸念されたため，住民はヘリコプターで避難し，機材や作業員を大型輸送ヘリで搬入した上での大がかりな緊急排水工事が行われました（**写真2**）。

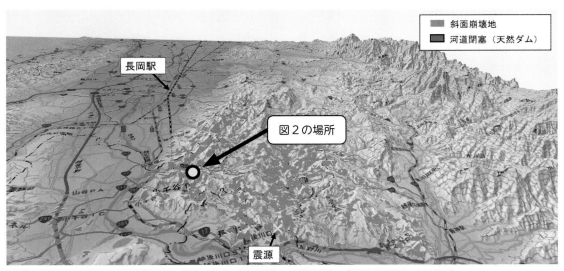

図1　新潟県中越地震の被害概要①（震源付近の斜面崩落と河道閉塞）「地理院地図」より作成

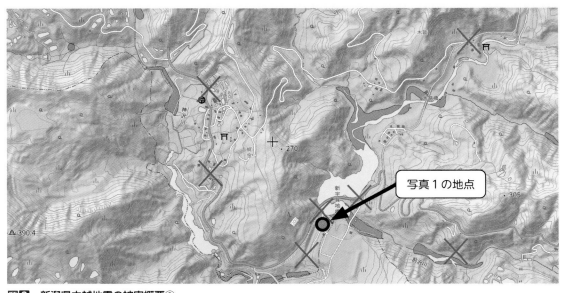

図2　新潟県中越地震の被害概要②
旧山古志村東竹沢地区。色の濃い水域は河道閉塞，×印は道路が寸断された場所

写真1　関越自動車道盛土部の崩壊
（地理院地図レイヤ・地上写真より）

写真2　天然ダムの緊急排水工事
（国土交通省資料[1]）

写真❸ 床一面を覆う中越地方の空中写真
きおくみらい公式ウェブサイト（https://www.c-marugoto.jp/nagaoka/）より

② 空中写真とAR（拡張現実）アプリによる震災の追体験

　「長岡震災アーカイブセンター きおくみらい」は，長岡駅前の大手通りに2011年10月に開設された総合防災教育施設です。新築された8階建ての再開発ビルの2階にあります。建物に入ってまず目を引くのが，床一面を覆う中越地区の空中写真です（**写真❸**）。

　空中写真の縮尺は2500分の1で，中越地震の発生から数日後に緊急撮影されたものです。来場者は館で貸し出しているタブレット端末（iPad）を持って写真を見ます。タブレット端末にはAR（拡張現実）アプリが入っていて，床の空中写真の要所に張られている読み取りコードにカメラをかざすと画面上に当時の写真や解説の動画が現れます（**写真❹・❺**）。

写真❹ 空中写真を見ながら説明を受ける新潟県高校地理部会の先生方（筆者撮影）

写真❺ 床面に貼られた読み取りタグとiPadによる解説画面の表示（筆者撮影）

図3 Google Earthを用いたフィールドワーク教材

　写真**4**・**5**は，新潟県の高校地歴科研究会地理部会の巡検（2012年8月21日）で施設を訪問した際に撮影したものです。専門知識を持った先生方，被災地に近いところで勤務されていた先生方が講師役となり，タブレットを使って写真を見ながら館の職員の方を交えて白熱した議論が展開されました。

③ 展望 「持ち出すGIS」で記憶をつなぐ

　「防災教育におけるGISの活用」をテーマに行われた地理部会の研修会では，拡張現実による展示を体験した後，私が講師役となってタブレット端末（iPad）上でGoogle Earthを見ながら長岡市内を巡るフィールドワークの提案をしました（**図3**）[2]。

　Google Earth上に長岡市で2191戸の浸水被害が出た「平成23年新潟・福島豪雨」（2011年7月28日）の浸水実績図と動画配信サイト「YouTube」にアップされた発災当時の動画を組み合わせています。巡検が行われたのが発災から1年後だったこともあり，GPSで地図上に現在地を表示し，洪水の到達した範囲の境界上での地形や泥の跡の発見など，先生方の議論は尽きることがありませんでした。

　災害から時間が経つほど「記憶の風化」が進むことが懸念されます。ただ，ある程度の時間を経た上で客観的な視点から地形の特徴や災害の要因，復興の過程を検証する視点もまた重要です。端末の性能の向上や通信インフラの整備が進むなかで，ARや動画にリンクした地図教材は，専門的な技術や多額の費用をかけなくても構築することは可能です。進取の精神に富んだ実践者と土地を知り尽くしたベテランが組むことで，「記憶を未来につなぐ」教材が生み出されるのではないでしょうか。意欲的に活動を続ける新潟県の先生方の今後に期待したいところです。

1）国土交通省北陸地方整備局湯沢砂防事務所（2005）「平成16年（2004年）新潟中越地震による土砂災害と対応」（http://www.hrr.mlit.go.jp/yuzawa/sabo/chuetsu/pamphlet/pamphlet01.pdf）
2）使用したデータ（kmzファイル形式）は二宮書店の「Web地理月報」からダウンロードできます。（http://www.ninomiyashoten.co.jp/web_chirigeppo）

3-7 「村」を取り戻す
（福島県飯舘村）

　福島県飯舘村は，福島県東部（浜通り）の北西端にある村です。福島原子力発電所からは30 〜 50km離れており，原発事故後に出された避難指示（3月12日付：原子力発電所から半径20km以内の地域住民の避難）からは外れていましたが，事故から1ヶ月以上経った4月22日に，村全域が計画的避難区域に指定されました。丸6年経ったの2017年3月に，ようやく全村にわたって避難指示は解除されましたが，除染の徹底や産業の復興，人口の回復など，多くの問題を抱えています。
　分散して避難された村民の動きと，村の土地利用を地図にまとめ，復興に向けた課題について考えてみました。

1 全村避難の村

　2011年3月11日に発生した東北地方太平洋沖地震では福島県飯舘村（発災当時の人口は6,509人）の被害は，死者1人（隣接する相馬市で津波に巻き込まれた住民），軽傷者1名でしたが，日を追うにつれて状況は悪化の一途をたどりました。福島第一原子力発電所から放出された放射性物質の飛散により，村内で高レベルの放射線量が確認されたため，政府は，4月22日に飯舘村全域を「計画的避難地域」に指

定しました。「計画的避難地域」とは，原子力災害対策特別措置法（1999年12月成立）に基づく避難指定地域の一つです（**図1**）。居住し続けた場合の放射線積算線量が20ミリシーベルトに達するおそれがある地域で，汚染が最も深刻な半径10km圏内を「警戒区域」（全住民を退去させ，原則立ち入り禁止とする）に準じます。避難要請に応じなかった場合の罰則はありませんが，事実上の「避難指示」として発令され，飯舘村の村民は，1ヶ月以内を目処に故郷からの退避を求められました。

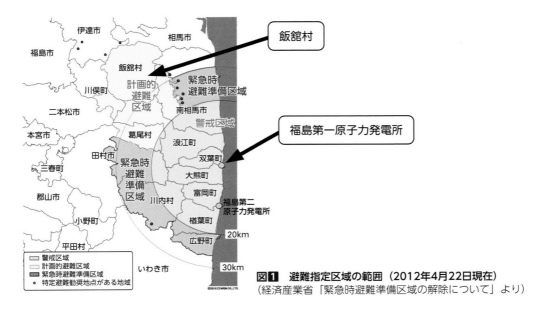

図1　避難指定区域の範囲（2012年4月22日現在）
（経済産業省「緊急時避難準備区域の解除について」より）

② 除染事業の限界

　全村避難を余儀なくされた飯舘村では，汚染された土の表面をはぎ取り，空間放射線量を軽減させるための工事，いわゆる「除染」事業が国の直轄事業として行われることになりました。政府（環境省）が2012年5月に策定した計画では，同年8月から2016年12月までの工期で除染作業を進め，2017年3月31日に「計画的避難地域」の指定を解除（住民の帰村開始）することを目指しました。

　除染工事の対象となる地域は，宅地（約2,100件），農地（約2,400ha），森林（約2,100ha）道路（約330ha）です。宅地については，居住地域に加えて，この地域に多い屋敷林に対しても行われ，入り口から約20mを目安に実施されました。除染対象面積を合計すると，約7,000ha（東京ディズニーランド135個分）に及ぶ広大な範囲になりますが，飯舘村の面積（230.1km²）の20％程度にすぎません。**図2**は，飯舘村の復興整備計画の「土地利用構想図」か

ら作成した居住地と農地の分布ですが，道路沿いに細長く集落と農地が分布し，大部分が森林に覆われていることがわかります。

　飯舘村には「居久根」といわれる屋敷林を持つ家が多くありました。屋敷林と言っても関東平野に見られる防風林とは違い，薪炭材から家屋の立て替えのための用材をまかなうために先祖から受け継いだ樹齢の長い樹木まで，多種多様な樹木のある森林です。環境省の定めた除染工事の施工基準では，居久根に対する除染は最大でも林端から20メートル，高さ4メートルまでの枝の除去に留められました。それでも宅地の空間線量の減少が十分でない場合に限り，5メートル単位で必要な除染作業（表土のはぎとりではなく，地表の落ち葉の除去など）を行うことにしました。必要以上の表土のはぎ取りによる土砂災害の防止や土壌保全，土砂流出による放射性セシウムの再拡散（河川や地下水への流出）をもたらすとの見解から，追加除染や住民の自己判断による除染に対しては極めて慎重な姿勢を貫いています[1]。

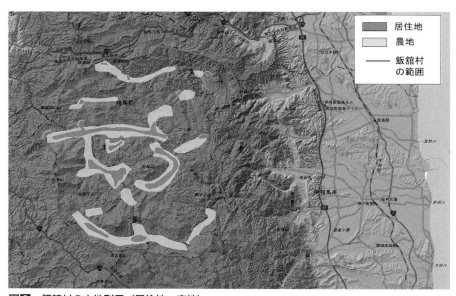

図2　飯舘村の土地利用（居住地・宅地）
飯舘村・福島県（2016）「復興整備計画／飯舘村土地利用構想図Ⅰ」より作成
（背景は地理院地図）

③ 村民の避難と帰還

　ほぼ6年間にわたり除染作業を進めた結果，**図3**のように空間線量率が低下し，面的除染の効果が維持されていることが確認されました。2017年3月31日には帰宅困難区域とされた長泥地区を除いて，飯舘村に対する計画的避難区域の指定が解除され，村外で避難していた住民の帰還が始まりました。

▌空間線量率1mメッシュマップ

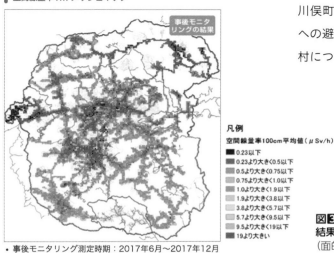

事後モニタリングの結果

凡例
空間線量率100cm平均値（μSv/h）
■ 0.23以下
■ 0.23より大きく0.5以下
■ 0.5より大きく0.75以下
■ 0.75より大きく1.0以下
■ 1.0より大きく1.9以下
■ 1.9より大きく3.8以下
■ 3.8より大きく5.7以下
■ 5.7より大きく9.5以下
■ 9.5より大きく19以下
■ 19より大きい

● 事後モニタリング測定時期：2017年6月〜2017年12月

図3　飯舘村における除染・事後モニタリングの結果　環境省「除染情報サイト」より作成（面的除染期間：2012年8月〜 2016年12月）

　図4は，飯舘村外で避難生活を送る住民数を市町村別にまとめた地図です（2020年4月1日現在）。最も多いのは福島市（2,464人）で，次いで南相馬市（333人），伊達市（291人），川俣町（287人）・相馬市（149人）の順になっています。福島県外への避難者は，228人で最も多いのが宮城県で42人）。全村避難中だった5年前（2015年）と比べると，福島市への避難者は1,400人減りました。減りが大きい市町村を挙げますと，伊達市（302人），相馬市（272人）川俣町（238人）があります。ただ，他市町村への避難者数の減少が，そのまま飯舘村への帰村につながっているわけでもないようです。

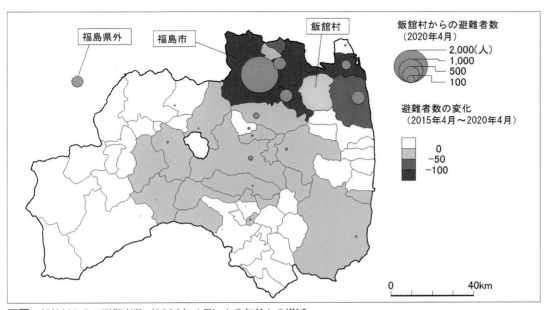

飯舘村からの避難者数
（2020年4月）
○ 2,000（人）
○ 1,000
○ 500
● 100

避難者数の変化
（2015年4月〜2020年4月）
□ 0
■ −50
■ −100

0　　40km

図4　飯舘村からの避難者数（2020年4月）と5年前との増減
飯舘村「村民の避難状況」（各年版）より作成

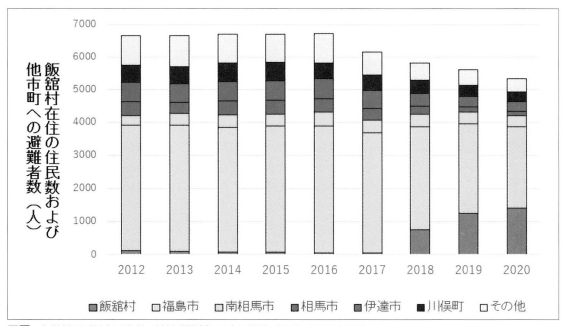

図5 飯舘村民（村内居住者・村外避難者）の人口推移 （出典：図3に同じ）

図5は，2012年から2020年までの避難者数の推移です（飯舘村まとめ・4月1日現在，3月31日に計画的避難区域が解除された2017年は3月1日の集計）。飯舘村の住民登録人口は，2011年3月1日の時点で6,509人でした。2011年4月12日に「計画的避難地域」に指定され，2012年4月の時点で村内の居住者は112人，2017年3月1日に44人まで減りました。計画的避難地域解除から1年後の2018年4月1日には，飯舘村居住者は743人となり，2019年は1,258人，2020年は1,402人に回復しています。

2012年の避難者総数は6,650人（県内6,111人，県外538人）でしたが，2020年は3,839人（県内3,713人，県外226人）と，45％減少しました。避難者数に帰村者数を足しても5,341人なので，単純計算で8年の間に1,309人の村民がいなくなった計算になります。

 まとめ

江戸時代，陸奥中村藩（相馬中村城）の「山中郷」と言われた飯舘村は，海辺と内陸を結ぶ街道の要所として栄える一方で，夏の「やませ」に見舞われる冷害の常習地域でした。特に1780年代の「天明の飢饉」では，約5,000人いた住民の4割が死亡ないし失踪し，住民がほぼ無人になってしまった集落も出たそうです。

復興は，単に村に人が戻ることだけではありません。放射線量の監視体制の維持，土壌の回復，農業を中心とした産業の育成など，長い時間をかけた取り組みと支援が求められます。村の人たちが代々受け継いできた畑や森を取り戻す過程を可視化し，関心を持ち続けることは，防災教育として，復興支援として意義のあることではないかと思います。

1）環境省（2013）「除染関係ガイドライン」（https://www.env.go.jp/jishin/rmp/conf/17/ref03.pdf）

3-8 大火災から下町を守れ
（東京都墨田区）

　東京23区の東部，隅田川の両岸から千葉県境の荒川・江戸川までのエリアは，西の「山の手」に対して「下町」と言われ，庶民の町として小説や映画の舞台にもなってきたところです。その入り口に位置する墨田区は，両国国技館や東京スカイツリー，江戸東京博物館など，外国人観光客にも人気の高い場所でもあります。一方で，関東大震災や東京大空襲による大火災で最も多くの方が亡くなった被災地でもあります。

　関東大震災で焼失した範囲をトレースして「地理院地図」上に重ね合わせた地図を作成し（図❶），ゆかりの地を巡検してみました。2時間もあれば回れるコースですので，ぜひ歩いてみていただきたいと思います。

❶ 横網町公園〜関東大震災最大の被災地

　JRの両国駅を降りて両国国技館を横目に東へ10分ほど歩くと，緑豊かな東京都立横網町公園に入ります。木立の間から鉄筋作りの三重塔と慰霊堂を横目に見ながら東京都復興記念館に入ります（写真❶・❷）。

　この場所は，1923年（大正12年）9月11日に発生した関東大震災の後に起きた大火災で，最も多くの死者を出した「旧陸軍被服廠」の跡地にあたります。関東大震災での死者数10万5385人のうち，火災による焼死者は9万1781人（87.1％）と言われていますが[1]，焼死者の4割にあたる約3万8千人の方がこの場所で亡くなっています。

　「今昔マップon the web」で当時の地図を見てみましょう。図❷は，図❶で示した火災焼失範囲の背景地図を1917年（大正6年）に代えたもの，図❸は旧陸軍被服工廠跡地の地図の今昔です。旧版地形図は大正6年測量のもので，陸軍被服廠（軍服などを作る工場）が存在しています。被服工廠が移転したのは震災発生1年

写真❶ 東京都立慰霊堂

写真❷ 東京都立復興記念館入口

２. で歩いた範囲

横網町公園

両国駅

図1　関東大震災による火災焼失範囲(1)
（内閣府ウェブサイト「防災情報のページ：過去の災害に学ぶ22」掲載図より作成）

図2　関東大震災による火災焼失範囲(2)
背景地図は1917年（大正6年）

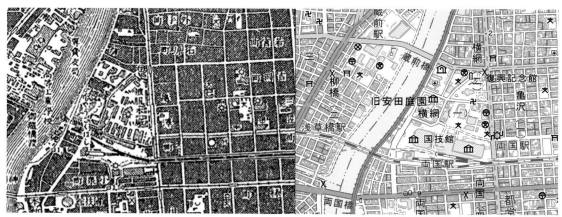

図3　両国駅付近の新旧比較　左：1917年（大正6年），右：地理院地図

3章

前の大正11年（1922）年で，工場跡地を公園にするために東京府が買収し，震災当時は建物も木もない広大な更地だったそうです。被服廠の南に「りやうごくばし」（両国橋）駅が読み取れますが，鉄道は現在と違いここで行き止まりでした（鉄道が隅田川を渡り，御茶ノ水駅まで延伸されたのは1932年）。

　震災直後，10.3ha（20,430坪）の広大な敷地に集まった避難民は推定約４万人と言われています。荷車に家財道具を積んで集まった人々は避難した安心感からか思い思いに談笑し，冷たいカルピスを売る屋台も出たと言います。そこに周辺の火災現場から発生した強烈な熱風（火災旋風）が襲いかかりました。人々は両国橋に殺到し，火に追われた人，川に飛び込んだ人の多くが犠牲になりました。

　震災後，この場所に「東京府震災記念堂」が設置され，その付帯施設として昭和６年（1931年）に復興記念館が建てられました。昭和26年（1951年）に東京大空襲で亡くなった身元不明者の遺骨約５万８千柱を合祀して「東京都慰霊堂」と改称して今日に至ります。

② 火災リスクが高い地域を歩く

　復興記念館から北東に歩いて約15分，東京スカイツリーを過ぎたあたりから東武鉄道の曳舟駅にかけて，住宅密集地に入ります。この地域は，国土交通省が2012年に発表した「地震

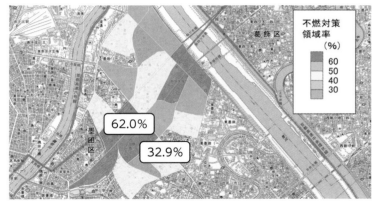

図４　墨田区の指定地域ごとの「不燃化対策領域率」
不燃化対策領域：空き地＋鉄筋建物など燃えにくい建物に改築された場所

62.0%

32.9%

図５　東京都内の「地震時に著しく危険な密集住宅地」の分布
（国土数値情報「密集市街地データ」より作成）

図４の範囲

写真❸ 曳舟駅南の住宅街から駅前のタワーマンション群を望む（筆者撮影）

写真❹ 路地の間からスカイツリーを望む（筆者撮影）

時に著しく危険な密集住宅地」に分類されました。**図❹**は，墨田区内の指定地区ごとの「不燃化対策領域率」を示した地図です（2012年）。全国197地区（5,745ha）のうち，東京都は最も多い113地区が「危険な密集住宅地」に分類され，全国の29.3％を占めていました。うち墨田区は19地区と都内2位（1位は品川区で23地区），面積は389haで1位でした（**図❺**）。

東京都では2012年（平成24年）から「木密不燃化10年プロジェクト」を行っています。都内の21区53地域を「不燃化特区」に指定し，老朽化した建物の解体や立て替えの際の設計費の助成，固定資産税や都市計画税の減免を行う制度です。墨田区は先行実施段階から指定を受けており，都内の他の地区に比べると不燃化対策領域率が高い地域が目立ちますが，対策が進んだ地域とそうでない地域がはっきりと分かれているのが特徴です。実際に現地に足を運ぶと，狭い範囲のなかで，建物の形や古さがはっきりと違う場所を見ることができました。例えば，曳舟駅の南側ではタワーマンションや大型ショッピングセンターが占めているのに対し（**写真❸**），200m南に隣接する地区では道幅の狭い路地と老朽化した建物を見ることができました（**写真❹**）。

❸ まとめ

発生の可能性が指摘されている「首都直下型地震」に備える上で何より大切なことは，過去に実際に起きた災害を可視化し，空間的な広がりを実感していくことだと思います。「関東大震災」では，避難した人々も，そこに誘導した警官や行政職員も「安全」であると信じて疑わなかった広場で惨劇が起こりました。1995年の阪神淡路大震災では，倒壊した住宅が道路を塞ぎ，防火用水が得られない状態で救助ができないまま猛火に見舞われました。

2023年には，全国の「危険な密集市街地」の面積は12都道府県の1,875haとなり，特に東京都は83haにまで減少しました。急激な変化が起こる一方で，そこから取り残されたかのように存在する古い町並みとのコントラストは，大都市ではよく見られる光景ですが，東京の下町は，その濃淡の濃さ，地域的，歴史的な知名度において群を抜いた存在です。生徒は誰でも知っている「東京スカイツリー」，一度は聞いたことがある「関東大震災」を取りかかりに，歴史ある巨大都市が抱えている災害のリスクや都市のあり方について考える授業を組み立ててみてはと思います。

3-9　100年続いた噴火の二次災害
（神奈川県山北町）

　富士山が噴火したらどうなるか？　富士山の周辺に住む人であれば，常に頭の片隅に漠然とした不安とともに持ち合わせています。

　現在，私たちが富士山の「噴火ハザードマップ」として見ることができる地図は，2004年（平成16年）に，国の「富士山火山防災協議会」が発表したもので，内閣府の「防災情報のページ」から見ることができます[1]。ただ，火山灰や火砕流，溶岩流や火山性泥流などの噴出物がどのあたりまで到達するかを予測することはできても，それが人々の暮らしにどのような影響を与え，いつまで被害が続くのかについての検討は，過去の噴火の記録や，他の火山の被害を検証する必要があります。本項では，宝永噴火（1707年）の神奈川県西部に関する研究を地図化し，現場を見ることで，現代に通じる課題を考えてみます。

1　広域にわたる被害と農村の破壊

　図1は，宝永噴火の火山灰到達範囲と神奈川県内の被害状況を示した地図です。

　噴火の49日前，1707年（宝永4年）10月28日（旧暦10月4日），南海トラフを震源とする推定マグニチュード8.6〜9の「宝永地震」が発生しました。そして，12月15日（旧暦11月22日）夜から富士山麓一帯でマグニチュード4〜5程度の強い地震が数十回感じられ，翌日の午前10時頃，富士山の南東斜面で白い雲が立ち上りました。そして昼過ぎから東側の斜面に

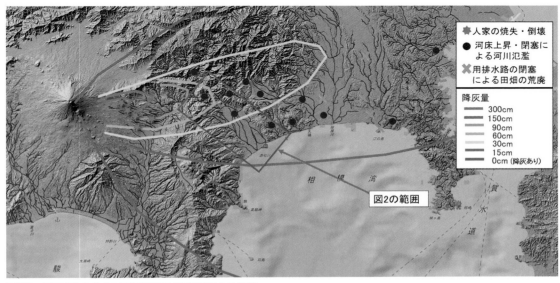

図1　宝永噴火の火山灰到達範囲と神奈川県内の被害
井上（2007）[1] をもとに作成

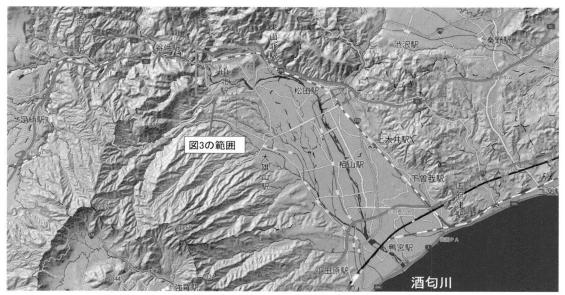

図2　山北町と酒匂川流域の概観

高温の火山弾や軽石が落下し，火災が発生しました。夕方からは降灰が始まり，約2週間にわたって続きました。降灰物は，白く軽い火山灰から黒い砂状のもの（宝永スコリア）に変わり，偏西風の風下にあたる静岡県御殿場市，小山町から神奈川県山北町，松田町，秦野市付近の田畑に厚く堆積しました。地元で「焼け砂」「砂降り」「富士砂」と呼ばれる堆積物は田畑を埋め尽くし，用水路を詰まらせました。

農民は庄屋を通じて年貢の減免を申請し，救済米の施しを小田原藩に願い出て，小田原藩が現地を見聞して被害状況をまとめて記録を残していますが，実際には家屋の焼失や埋没で村全体が壊滅状態となり，農民が村を脱出して「亡所」とされ，詳細な被害が記録に残っていない場所も多くあるようです。地図中で青い点が打たれている河川氾濫の被害は，噴火の翌年から数年後にかけて発生し，被害の規模も拡大していきました。

② 100年続いた二次災害 酒匂川の氾濫と治水

図2は，山北町を流れる酒匂川流域の概観図です。富士山の東麓と丹沢山地を源流に相模湾に流れる酒匂川は，全長46kmの二級河川です。下流の足柄平野は旧小田原藩の穀倉地帯で，その北端にあたる山北町から南足柄市付近の治水に技術と労力が割かれてきました（**図3**の範囲）。山北駅の東側で河道がZ字型に曲がっているのは，急流を「岩渕」と言われる岩礁に当てて勢いを弱めて氾濫を防いだ江戸時代初期の治水工事の跡です。逆の見方をすれば，一旦ここで氾濫がおこれば，旧河道を泥流が流れ降り，平野全体が被害を受ける可能性がありました。

懸念されていた事態は，宝永噴火の翌年の夏に起こりました。1708年（宝永5年）8月8日（旧暦6月22日），台風による大雨で，山北町付近の酒匂川右岸で堤防が決壊し，下流の広い範囲が泥流に埋まりました。上流に積もった火山性堆積物の河川への流れ込みや，農民らが田畑から除去した「焼け砂」を河川に捨てたことで酒匂川の河底が上がり，氾濫しやすくなっ

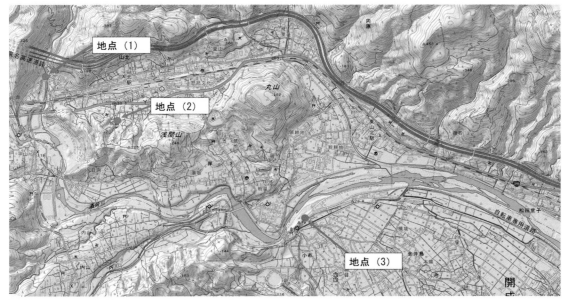

図❸ 山北町と酒匂川流域における防災景観の位置

ていたことが原因とみられます。ただ，年貢収入の激減と財政難に苦しんでいた小田原藩は，すぐに堤防の修復を行うことができず，13年後の1726年（享保11年）に幕府直轄事業で工事が行われるまで放置されたままでした。堤防の修復後も1731年（享保16年），1802年（享和2年）に大洪水があり，付近の人々は宝永噴火の二次災害に100年近く苦しめられることになりました。小田原市出身の農学者の二宮尊徳（1787～1856）は，「金次郎」と呼ばれた少年時代に酒匂川の洪水に苦しめられ，治水工事に参加しています。

 復興の史跡を歩く

山北町周辺には，宝永噴火からの復興の跡を見ることができる場所が点在しています。

山北駅から西へ歩いて15分ほど行った皆瀬川の谷をまたぐ高速道路の橋の付近（地点（1）・**写真❶**）は，土砂による河道閉塞を起こした皆瀬川を25年がかりで掘割（付け替え）工事をした場所で，付近には記念碑があります。

山北駅から南に徒歩10分，丘陵を上ったところにある「河村城跡」では，公園整備の際の遺跡発掘調査の際に，農民による「天地返し」の遺構が発見されました（地点（2）・**写真❷・❸**）。畑に溝を掘って深層土を掘りだした上で火山スコリアを埋め，その上に深層土を被せる作業を繰り返した跡です。洪水防止のために火山スコリアを川に投棄することが禁じられたなかで農地を取り戻すための，苦肉の策でした（**図❹**）。

酒匂川本流の橋を渡って南足柄市に入り，川沿いに東に行くと「福澤神社」があります。ここから小田原市にかけて9kmの土手を「文命堤（ぶんめいづつみ）」といいます（地点（3）・**写真❹**）。1726年（享保11年），幕府の支配勘定格であった田中休愚（きゅうぐ）と代官の蓑笠之助正高（みのかさのすけまさたか）の指揮で完成された「大口堤（おおぐちづつみ）」の完成を記念して建てられた神社で，祭神に古代中国の夏王朝の祖で，黄河の治水で功績を挙げた禹王を祀っています（「文命」は禹王の諱（いみな））。田中休愚は，毎年梅雨入り前に例大祭を行うことと，参列者は一人一つ以上石を持参することを命じたといいます。

図4・写真1～4　山北町の防災史跡

図4　「天地返し」の解説（井上：2005）[3]（地点（2））

写真1　皆瀬川渓谷
（河道付け替え工事地点）
（地点（1））

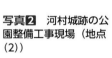

写真2　河村城跡の公
園整備工事現場（地点
（2））

写真2　河村城跡（神奈川県山北町）における発掘状況（2003年7月，井上撮影）
写真3　発掘で出土した「天地返し」遺構（地点（2））

写真4　酒匂川沿いの「文明堤」[4]（地点（3））

大規模な自然災害は広域にわたって被害をもたらし，復興には長い時間と膨大なコストがかかります。また二次災害が頻発しても，財政難などの事情で放置される場合もあることを歴史が教えています。300年前の教訓をどう生かすのか，地図や景観をもとに，生徒にどのように実感をもたせられるのか，地理教育・歴史教育の壁を越えて教材化に向けた闊達な議論を行っていきたいものです。

1）富士山火山防災協議会（2004）「富士山ハザードマップ検討委員会報告書」
http://www.bousai.go.jp/kazan/fujisan-kyougikai/report/index.html
2）井上公夫（2007）「富士山宝永噴火（1707）後の長期間に及んだ土砂災害」，荒牧重雄，藤井敏嗣，中田節也編『富士火山』（山梨県環境科学研究所），427～439.
3）井上 公夫（2005）「元禄地震（1703）と富士山宝永噴火（1707）による土砂災害と復興過程－神奈川県山北町における最近の史料学・考古学的成果による再検討－」，歴史地震（20），247-255.
4）「田中丘隅（きゅうぐ）の文命堤を訪ねて」，タウンニュース足柄版（2016.4. 30）より
https://www.townnews.co.jp/0608/2016/04/30/330458.html

3-10 冬晴れのくにの大豪雪
（山梨県）

　2014年2月14日から16日にかけて，関東甲信越および東北地方南部に降り積もった大雪は，全国で死者26名，重軽傷者701名の大きな被害をもたらしました。この時の甲府市の積雪量は119cmでした。雪国ではなんともない積雪量ですが，1月の平年積雪量が13cmで，日本の県庁所在地で最も日照時間が長く（2183時間／全国平均は1978時間），1月の降水量(40.2mm)は太平洋側の東京（52.3mm），静岡（75.0mm）よりも少ない「冬晴れのくに」にもたらした被害と混乱は，想像をはるかに越えるものでした。

　何が被害を大きくしたのか，次なる災害に向けて得られる教訓は何か，各種機関の報告をもとに地図を描いて検証してみました。

❶ 記録的豪雪の発生と交通網の寸断

　図❶は，気象庁がまとめた2014年2月14日から16日にかけての積雪の最大積雪深をまとめた地図です。関東甲信越にある観測地点21箇所のうち10箇所で観測開始以来最大の積雪を観測しました。

　図❷は，積雪に伴う通行止めがかけられた国道と，車両の立ち往生が発生した場所の分布です。2月14日深夜から2月17日にかけて，東

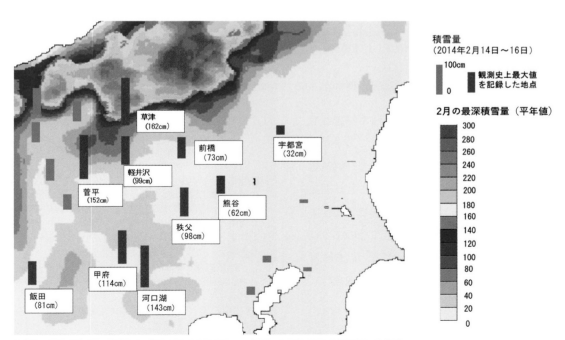

図❶　関東甲信越の降雪量（2014年2月14日〜16日）と2月の降雪最深値（平年）
内閣府（2014）「2月14日から16日の大雪等の被害状況等について」
気象庁ホームページ「メッシュ平年値地図」（最深積雪：2月）より作成

積雪量
（2014年2月14日〜16日）

100cm

0

■観測史上最大値を記録した地点

2月の最深積雪量（平年値）

300
280
260
240
220
200
180
160
140
120
100
80
60
40
20
0

草津
（162cm）

前橋
（73cm）

宇都宮
（32cm）

軽井沢
（99cm）

菅平
（152cm）

熊谷
（62cm）

秩父
（98cm）

甲府
（114cm）

飯田
（81cm）

河口湖
（143cm）

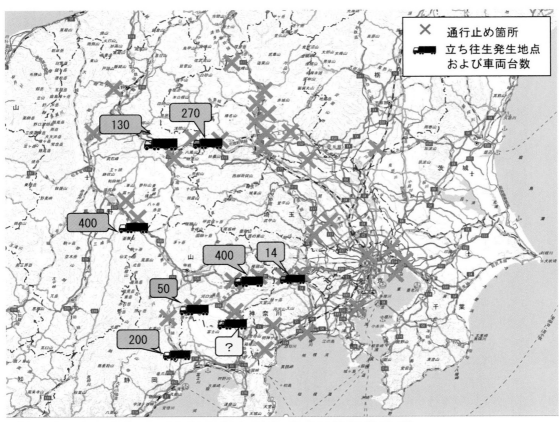

図2 国道の通行止め地点と立ち往生発生場所および車両台数（2014年2月15日午前）
内閣府（2014）「2月14日から16日の大雪等の被害状況等について（第3報）」より作成

名高速道路（東京〜清水間）と中央道（高井戸〜中津川）間が閉鎖となりました。一般道では，動けなくなった車が道路を塞ぐ「スタック現象」が発生しました。坂を登り切れなくなった大型車や，冬用タイヤなどの装備のない車が立ち往生することで大渋滞が発生し，そのまま数百台もの車が雪に閉ざされました。通行止め箇所は直轄国道の15路線34箇所，地方道では約300箇所，スタック車両は最大で約1500台に達しました。山梨県内では，首都圏とつながる国道20号線の勝沼町〜大月市の区間で約400台，静岡県とつながる国道52号線の身延町〜静岡県境付近で約200台，富士五湖沿いの国道139号線の本栖湖付近で200台，西湖から河口湖にかけて約50台の車が立ち往生しました（**写真1・2**）。

過去にも同様の現象が頻発しており，国土交通省では，2011年に警察庁と連携して降雪時に早めに通行規制や通行止めを発令するように通達を出していましたが，活かされることはありませんでした。また，運転者が車から避難する際，キーをつけたままにすることや，ダッシュボードに連絡先を書き残すといった配慮が求められますが，それも徹底されなかったため，持ち主不明の放置車の移動に時間を要してしまいました。

山梨県では，今回の豪雪で5名の方が亡くなっていますが，うち4名は車両スタックに関連しています。2名は渋滞する車内での一酸化炭素中毒で，1名は立ち往生した車から脱出して徒歩で家を目指した途上での凍死，1名は持病の悪化で病院に向かう車が渋滞するなかでの死亡でした。

写真❶・❷　国道上で立ち往生する車（大月市／富士河口湖町）
国土交通省関東地方整備局（2014）「関東甲信地方の大雪対応」より

 孤立集落の発生と施設の被害

図3は，山梨県内における孤立集落の分布と孤立世帯数です。今回の豪雪では，宮城県，長野県，群馬県，埼玉県，東京都，静岡県，山梨県の7都県42市町村で孤立集落が発生し，合計5464世帯が孤立状態になりました。山梨県では，27市町村のうち25の市町村に災害対策本部が設置され対応にあたりました。2月17日，県庁にも災害対策本部が設置されましたが，設置は31年ぶりのことでした。

最も多くの孤立世帯が出たのが西部の山間地にある早川町で，町内全域の763世帯が孤立状態になりました。一時電気・ガス・水道がすべて遮断され，わずかに残っていた黒電話を使っ

て救助要請がなされた集落があった一方で，備蓄が十分にあることに加え，町外の避難所での生活における健康維持には不安が大きいとして，救助を拒否して籠城することを選んだ集落もありました。

一方，ホテルや別荘が集まる富士五湖周辺では多くの観光客が施設に取り残されました。富士河口湖町のホテルでは，宿泊していた大学生ら約90名と周辺の住民ら約60名が孤立した状態で5日間を過ごしました。ライフラインが完全に止まった上，積雪の圧力で窓ガラスが破損して外気が施設内に入る過酷な環境で5日間を過ごしました。

山中湖村では村内に点在する別荘地で多数の孤立者が出ていることは把握されましたが，災

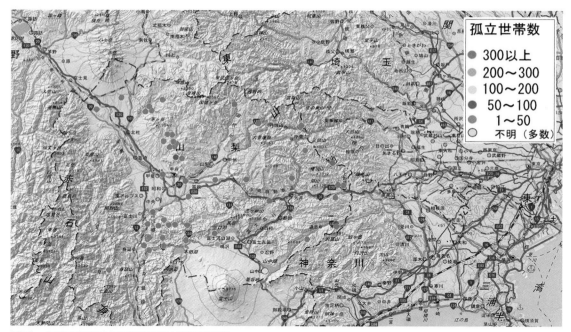

図❸　山梨県内の孤立集落の分布と孤立世帯数
山梨県災害対策本部「大雪に係る対応状況等について」（平成26年2月17日22時現在）

害対策本部で正確な数を把握することができず，最後まで「不明（多数）」と報告しています（村では別荘滞在者向けに，2000食の非常食を要望）。集落の孤立状態が完全に解消したのは，雪が降り止んでから10日後の2月25日でした。

❸　大豪雪の教訓と将来への備え

　日照時間が長く，冬の降雪量も少ない土地柄に加えて近年暖冬傾向が常態化しているなかで，甲府盆地に降り積もった今回の積雪被害は想定外だったと言えます。しかし，被害をここまで大きくした原因として，後手に回った対応や備えの不足，不適切な避難行動など，人的な要因が大きなウェイトを占めていることがわかりました。「雪が少ない甲府盆地で雪害がおこるはずがない」と考える「正常性のバイアス」が無意識のうちに働いてしまっていたのかもしれません。

　孤立集落での聞き取りや，雪害に対する行政の対応を検証した鈴木（2015）は，富士山噴火による降灰の被害を視野に入れた上で，早めの警報と最悪の事態を想定した避難態勢の確立を提唱しています[1]。積雪深50cmの雪の重さは1m^{2}当たり約200kgですが，火山灰は30cmで同等の重さに達します。降雪と降灰が重なれば，融雪期の土石流災害によって甚大な被害が出ることも予想されます。

　豪雪や噴火は防ぐことはできませんが，それに伴う災害を最小限に留めることは可能です。雪害の経験を的確に伝えるとともに，初動対応の訓練や備蓄などいざというときのための備えを万全にすることが何より大切なのではないかと思います。

1）鈴木 猛康（2015）「山梨の豪雪災害—その教訓は生かされるか」，京都大学防災研究所年報58（A），16 〜 23頁.

3-11　水の恵みと土石流
（静岡県富士市）

　日本一の高さを誇る富士山は，モンスーンを受け止める巨大な壁でもあります。夏は海からの湿った風がぶつかって降雨をもたらし，冬は真冬の北風を遮ります。筆者の地元でもある静岡県の駿河湾周辺は，比較的温暖で土砂災害も少なく，水に恵まれた地域と言われますが，一昔前までは，頻発する洪水や土石流に悩まされる地域でした。

　富士山麓の水と，それに向き合ってきた我が先人達の足跡を追ってみたいと思います。

❶ 「水の山」富士山

　気象庁の発表する天気予報で「富士山南西部」（富士市・富士宮市）で区分される地域は，富士山麓のなかでもとりわけ雨が多い地域です。気象庁の「平年値メッシュ」のデータをGoogle Earthに重ねて地図化してみると，標高が高くなるについれ降水量が増えていくことがよく分かります（**図❶**）。

　観測地点の平年値で比べてみると，「三島」の年間降水量が1,874mmに対して「富士」は2,109mmです。平年値メッシュでは，富士山の5合目よりも上に行くと年間3,000mmを越えるように示されていますが，現在は山頂での降水量の観測は行われていません。ただ，夏は雲に覆われる日が多く，冬は真っ白に雪に覆われる景色から見ても，相当な降水（降雪）があるものと思われます。

図❶　富士山南西部の年間降水量（気象庁平年値メッシュより作成）

富士山に降った大量の雨や雪の大半は地表を流れずに溶岩に浸透します。富士山は過去に起こした噴火の度に溶岩流や火山灰を積もらせてきた成層火山で，地下水は何層かの溶岩からなる不透水層の間にため込まれて10〜15年かけて山を下りると考えられています。帯水の年数や貯水量には諸説ありますが，富士山麓に降る年間降水量が25億トンとすると，山中に蓄えられた地下水の総量は約273億7500万トンに達すると推定されています。琵琶湖の総貯水量が約275億トンなので，富士山は，ほぼ同じサイズの水瓶を抱えていることになります。富士山は「水の山」「恵みの山」なのです。

　海岸近くまで続く溶岩扇状地の末端では，湧水が多く見られます。湧水に社を建て，噴火を鎮める水の女神「木花耶姫命」（このはなさくやのひめのみこと）を祀った浅間神社は山麓に点在しており，富士宮市にある「富士山本宮浅間神社」はその総本社であり，境内には「湧玉池」と呼ばれる湧水池があります

❷ 富士山を流れる川

　降水の大部分が地下に浸透する富士山では，山腹の地表を流れる川はわずかです。富士山の南側斜面では潤井川と，沼川の支流の小河川があるのみです（図❷）。

　潤井川は富士宮市上井出の湧水を源流に，富士市の田子の浦港付近で沼川に合流する全長25.5kmの一級河川です。源流付近の標高は約600mですが，そこから上流の長さ10km，標高3,000mにかけて，大沢川と呼ばれる涸れ沢が続いています。普段，水は完全に伏流しており，砂防ダムだけが点在していますが，豪雨の際や融雪期には大量の土砂が崩れ落ちるため「大沢崩れ」と呼ばれています。かつては，土石流が潤井川に流れこんで下流に大災害をもたらし，支流の河川でも土石流災害が頻発してきました。1974（昭和49）年に後述する「星山放水路」が開削され，富士川と接続されてからは深刻な洪水や土石流は発生していません。

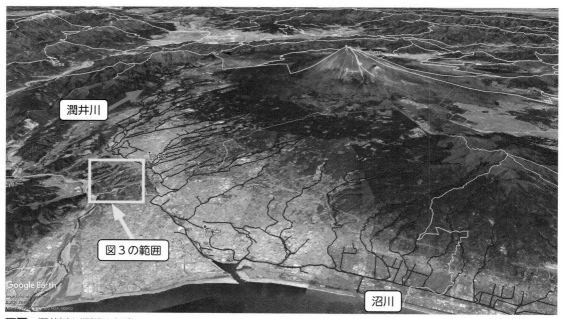

図❷　潤井川と沼川の水系

沼川は，沼津市西北部の愛鷹山の山麓に水源を持ち，沼津市から富士市にかけての海岸沿いを東から西に向けて流れて田子の浦港に注ぐ，約14.1kmの一級河川です。1940年代までは水系の大部分が「浮島沼」と呼ばれる大湿地帯で，愛鷹山や富士市東部の湧水地帯に端を発する小河川（滝川・赤渕川・和田川）の水が注いでいましたが，現在は干拓が進んでいます。土石流災害こそ少なかったものの，洪水が頻発し，津波や高潮によって遡上した海水が長期間滞留して大きな被害をもたらしてきました。1943年に「昭和放水路」が建設され，沼の水が河口の手前で放流されてからは現在の川幅となり，周辺は農地として開拓されました。

 ## 土石流との戦い

図3は，潤井川の下流部，富士宮市星山から富士市松岡付近の地図です。

星山放水路は，1974（昭和49）年に潤井川の水を富士川に流すための放水路として，両河川を分かっていた明星山，星山丘陵を掘削する形で建設されました。

もともと，富士川と潤井川は下流部で合流して三角州と網状流を作って駿河湾に注いでいました。富士川が現在の流路になったのは，江戸時代の半ば，1674年に幕府の代官だった古郡孫太夫重政，重年親子が「雁堤」を築いたためです。

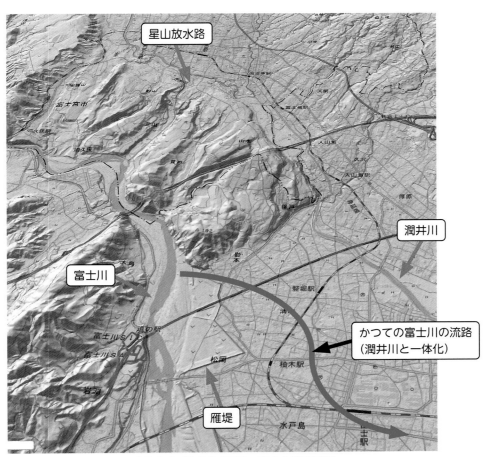

図3　潤井川・富士川と星山放水路（富士宮市星山〜富士市松岡付近）

左上：写真❸　現在の潤井川
右上：写真❷　田子の浦港の浚渫船
左下：写真❷　浚渫された土砂（筆者撮影）

富士川と潤井川の新流路の間にできた広大な低地は「加島村」と名付けられ，石高6500石におよぶ大規模な新田開発が行われました。その中心をなしていた場所が，旧富士市（1966年に旧吉原市・鷹岡町と合併）の中心市街地（富士駅付近）です。潤井川の右岸（南側）は水田や果樹園（主に梨）の産地として発展しました。

明治以後，潤井川の改修が行われ，直線上の流路に改められましたが，河川の氾濫や土石流災害が頻発しました。特に1972（昭和47）年の5月から9月にかけての災害は，融雪による大沢崩れでの大土石流発生に加えて8月に記録的な豪雨を観測（富士宮市上井出で1時間あたり153mmの静岡県最高記録）し，下流の広い範囲にわたって農地が埋没して農作物に甚大な被害をもたらし，抜本的な対策を求める声に対して県と国が動き，放水路が建設されました。奇しくも雁堤の完成から300年後に，富士川と潤井川は再び繋がったのです。

④ 積もる土砂・薄れつつある災害の記憶

1979（昭和54）年を最後に，潤井川では目立った洪水被害はありません。市役所ではハザードマップを作成していますが，日々の穏やかな流れを見る限り，とても洪水を頻発させていた川には見えません（**写真❶**）。しかし，河口の田子の浦港に行ってみると，海底を浚渫するクレーン船の作業を毎日のように見ることができますし，埠頭の一角には，積み上げられた土砂を見ることができます（**写真❷・❸**）。

田子の浦港に流入する土砂の量は年間8万立方メートルに達します。かつてはこの土砂に工場排水に混じった様々な廃棄物が混じって海底に沈殿した「ヘドロ」が公害の象徴として問題視されたことは，一定の年代の方ならば記憶に残っていると思います。

潤井川流域にGISで1m間隔の等高線を重ねたことがありますが，河床が周囲と同等，あるいは河床の方が高い天井川になっているところも見受けられます。ハザードマップで「浸水域」とされている地域では，単なる浸水だけでなく，大量の土砂にまみれる甚大な被害を想定する必要があります。

3-12　島をつなぎ，川を分かつ輪中
（三重県桑名市）

　「木曽三川」が伊勢湾に注ぐ河口に，「長島輪中」があります（**写真❶**）。島の全長は約12kmに及び，文字通りの細長い島ですが，その名の由来は，島の形ではなく，七つの小島がつなぎ合わされた「七島（ななしま）」にあるとも言われています。
　「地理院地図」の「外部タイル読み込み」機能で「今昔マップタイル」を読み込むと，地図上に線や面を直接書き込むことができます１）。新旧の地形図に書き込みを加えることで，長島輪中と流路の変化を表してみました。

❶ 二つの「七里の渡し」の碑

　桑名駅から自転車で約5分，揖斐川（いびがわ）に面する桑名城跡に「桑名七里の渡し公園」があります（**写真❷**）。番所の建物や石碑などがありますが，どことなく新しい雰囲気を漂わせています。地形図（地理院地図）には石碑の地図記号があるのみです。一方，揖斐川を渡って長島輪中の東岸にも石碑があり（**写真❸**），地形図には「七里の渡跡」と書かれています（**図❶**）。

　図❷・**図❸**は，桑名港から長島輪中にかけての新旧地形図の比較です。旧版地形図上で水面を濃い青に着色し，着色部分を現代の地形図に重ねてみると，二つの渡し場はかつて水路でつながっていたことがわかります。ただし，旧版地図が発行された明治20年代の時点で長島町側の渡し場付近は堤防で締め切られており，木曽川に出ることはできませんでした。その後，水路は埋め立てられて，揖斐川の川幅が広げられました。

写真❶　長島輪中の概観（Google Earthにより作成）

写真❷　桑名七里の渡し公園（筆者撮影）

写真❸　「七里の渡し」の石碑（筆者撮影）

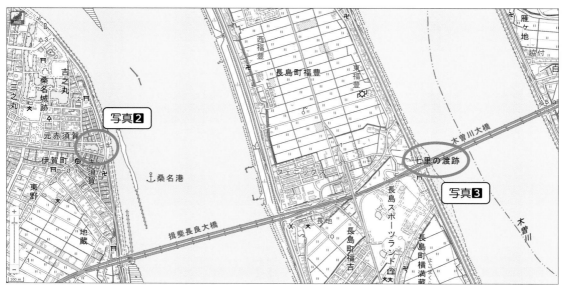

図❶　「七里の渡し」石碑の位置（地理院地図）

　「七里の渡し」は，東海道のなかで唯一海路
による往来が行われていた場所です。江戸から
数えて41番目の宿場である熱田宿（宮宿）と
42番目の宿場町・桑名宿を結んでいました。
熱田と桑名を結ぶ脇往還として佐屋街道があ
り，海路が荒天で渡れない場合などに使われま
した。佐屋宿と桑名宿の間には，木曽川を通る
「三里の渡し」がありました。
　図❹・図❺は，地形図上で各宿場を航路でつ
ないだ地図です。長島側の石碑がある場所は，
桑名宿から長島を抜けた船が木曽川に達し，七
里の渡しと三里の渡しに分岐する地点にあった
と推測されます。

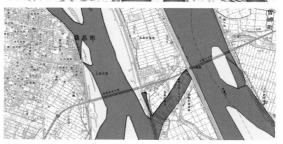

図❷（上）・図❸（下）　揖斐川下流域の新旧地形図
上：2万分1地形図「木曽川河口」，明治26年（1893年）
発行　下：地理院地図

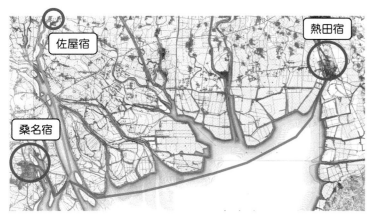

写真**4**　輪中の郷・歴史民族資料館
（筆者撮影）

図**4**（上）・図**5**（下）　「七里の渡し」と「三里の渡し」の航路と明治時代・現在の地形（地形図の年代は図2・図3に同じ）

写真**5**　標高と浸水深を示す標識
（筆者撮影）

② 輪中の拡大による流路の変更

　桑名城から北へ進み，伊勢大橋を渡って長島輪中に入ります。平坦な道を自転車で30分ほど北上すると，「輪中の郷・歴史民俗資料館」があります（**写真4**）。入り口には付近の標高と昭和37年の伊勢湾台風の際の浸水の高さを示す標識があります（**写真5**）。

　付近の地形の新旧を比較してみます。地理院地図上で川の護岸線を青で，揖斐川と長良川を分けている「油島千本松締切堤」と，それに続く中州（岐阜県境〜伊勢大橋間の9km）を赤でなぞり（**図7**），線を旧版地形図上に載せました（**図6**）。長島輪中の北端は現在よりも南にあり，輪中の北を木曽川が東西に流れていることがわかります。その流路に沿う形で三重県と愛知県の県境があります。

　現在は，長島輪中が北にせり出して対岸の船頭平輪中とつながり，木曽川と長良川を分け，さらに岐阜県・三重県・愛知県の三県境付近にまで延びていた「油屋千本松締切堤」が南に延伸される形で揖斐川と長良川が分けられました。伊勢大橋まで伸ばされた堤の延長は，約9kmあります。

写真**6**　輪中にある水屋
（SHU0917／PIXTA）

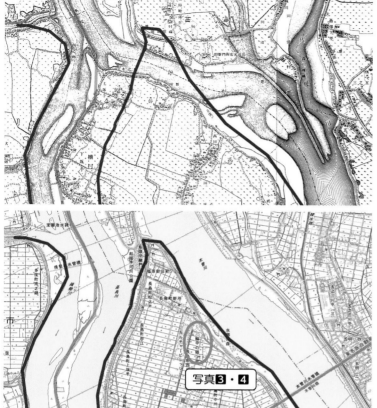

写真❸・❹

図❻（上）・図❼（下）　長島輪中北端部の新旧地形図
上：2万分1地形図「深谷村」，明治26年（1893年）発行
下：地理院地図

写真❼　輪中地帯に架かる橋
（いお／PIXTA）

それは単なる土木技術の進歩だけに留まらず，人や物の輸送手段が水運から陸運（道路整備と鉄道敷設）へ代わったことも背景にあると思われます。海路で片道4時間かかっていた桑名～熱田間の輪中地帯にはいくつもの橋が架けられ，現在の桑名市は名古屋の通勤・通学圏に入っています（写真❼）。行き来が便利になった一方で，洪水リスクのある低地や旧河道が住宅地になっている場所もみられます。

敷地内に水屋を建てて洪水に備えてきた先人の知恵が，再び活かされる時に来ているのかもしれません。河川防災をどう教えるかを考える上で，輪中は，是非一度訪れていただきたい場所です。

❸ まとめ

地理の授業で「輪中」を取り上げる際，江戸時代から続く治水の歴史と水屋（写真❻）など，洪水を念頭に置いた生活を取り上げることが多いと思います。しかし，現在みられる川の景観は，明治以後に導入された近代土木技術によって流路が付け替えられたこと，新旧地形図の比較から，明治の比較的早い段階から大規模な工事が手がけられていたことがわかりました。

3-13　関ヶ原は今日も雪だった
（関ヶ原の新幹線ルート）

　冬になると，東海道新幹線がよく遅れます。完全に運休することは少ないですが，雪の影響を受けやすい岐阜羽島駅から米原駅間では速度を落として運転するため，到着が遅れる旨のアナウンスを駅や車内で聞きます。実際にその区間を通ってみると，一面の雪景色。そして雨も降っていないのに，窓に水滴がつきます。

　東海道新幹線は，なぜ雪の影響を受けやすいのでしょうか。また，なぜあえて雪が降りやすい場所を通るルートを選んだのでしょうか。付近の地形と気候，東海道新幹線の歴史を調べてみました。

1　関ヶ原の地形と気候

　図1は，「地理院地図」の3D機能を使って描画した岐阜県から滋賀県にかけての鳥瞰図です。地理院地図の3D機能を用いると，日本全国の立体地図を表示でき，3Dプリンタ用のデータを出力して地形模型を作ることもできます。画面の中央の伊吹山地と鈴鹿山脈を境に，濃尾平野と近江盆地が接しています。二つの山地の切れ目にあたる部分が「関ヶ原」です。

　伊吹山地の北端には福井・滋賀・岐阜三県の県境をなす三国岳（1,209m）があり，関ヶ原に近い伊吹山（1,377m）が最高峰です。鈴鹿山脈の最高峰は御池岳（1,247m）で，南端近くには御在所山（1,212m）があり，標高1,000mを超える断層山地の壁が南北にわたり約200km続きます。

　「関ヶ原」の地名は，伊吹山の南麓に673年，不破関が置かれたことに因みます。不破関は畿内と東国の間の人と物の往来を監視する関所と

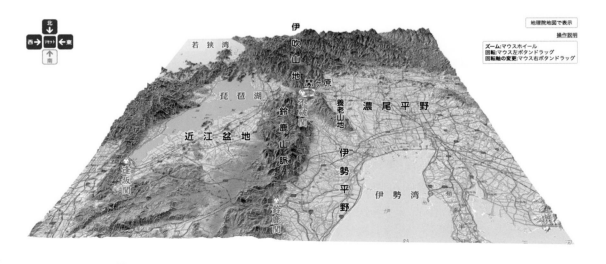

図1　関ヶ原周辺の地形鳥瞰図（地理院地図の3D機能により作成）
「標準地図」に，「陰影起伏図」と「自分で作る色別標高図」を合成

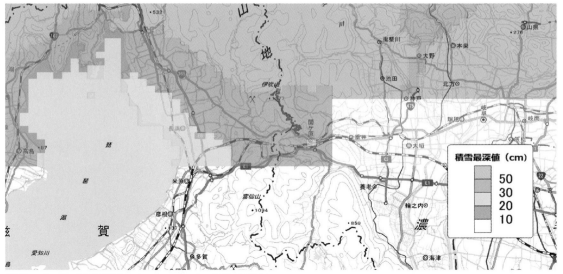

図2　関ヶ原周辺の積雪量メッシュデータ（平年最深値）
国土数値情報平年値メッシュより作成

して，後に東海道の関所となる鈴鹿関（現：三重県亀山市関町），北陸道の出入口である逢坂関（滋賀県大津市）とともに「三関」とよばれる重要拠点になりました。不破関の周辺では，延元3年（1338年）の南北朝動乱期には「青野ヶ原の戦い」があり，戦国時代の動乱の帰趨を決した「関ヶ原の戦い」（慶長5年9月15日（1600年10月21日）では，東軍（徳川家康），西軍（石田三成）の将兵が激突しました。江戸時代は天領となり，中山道69次のうち58番目の宿場として栄えました。

　図2は，関ヶ原周辺の積雪量メッシュデータ（平年最深値）を地理院地図上に示したものです。日本海を望む若狭湾から琵琶湖の上空を通って南東方向に吹き込む冬の季節風の影響で，関ヶ原付近の積雪量は30〜50cmに達し，伊吹山地では1m近い積雪量になります。伊吹山地の積雪量は他の地域に比べて多い方ではありませんが，気象庁が観測した日本最深雪記録が伊吹山（1927年：1,182cm）であるように，条件によっては大量の豪雪に見舞われることがあります。

❷　関ヶ原と鉄道

　大雪に見舞われることもある関ヶ原に，日本の東西の大動脈である鉄道が通っているのはなぜでしょうか。関ヶ原付近に最初に鉄道が通されたのは，明治16年（1883年）でした。明治5年（1872年）に東京の新橋〜横浜間に日本最初の鉄道が開通してから11年後，明治10年（1877年）に神戸〜大阪〜京都間が開通してから6年後に，関ヶ原〜長浜間が官営鉄道として開通しました。

　名古屋〜京都間の連絡ルートとしては，東海道沿いに鈴鹿山脈を越えるルートも検討されましたが，トンネル建設などの工事予算がかさみ，断念されました。鉄道省は，関ヶ原と琵琶湖東岸の長浜の間に資材運搬用の鉄道を敷設し，大津から琵琶湖の水運で長浜まで資材を運んで関ヶ原に集めた上で，関ヶ原から名古屋と京都に向けて線路を敷設しました。6年後の明治22年（1889年）に完成し，東海道本線（東京〜神戸）間が全通しました。その後，関ヶ原〜長浜の路線は廃止されました。

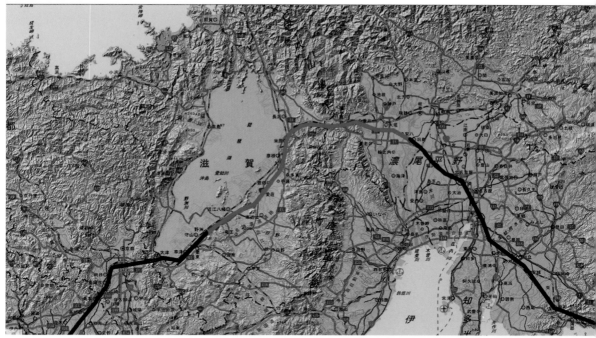

図3 東海道新幹線のルート（青線は雪対策設備の設置区間）
背景は地理院地図

東海道新幹線の建設計画が正式に始まったのは昭和31年（1956年）です（1959年着工）。その際も，名古屋〜京都間のルートには3つの案がありました。関西本線に沿うルート（桑名〜亀山〜草津），八風峠ルート（桑名〜草津へトンネルで直行），そして関ヶ原ルートです。関ヶ原ルートは，他の2案に比べて距離が長い上，雪による通行支障が懸念されたものの，他の2案に比べてトンネルを掘る区間が短く低コストであること，東京オリンピック（1964年）に間に合わせる必要性などが考慮され，選ばれました。ちなみに，現在計画中の「リニア中央新幹線」の名古屋〜大阪間は，亀山〜奈良を経由するルートが有力視されています。

③ 雪と闘う新幹線

図3は，東海道新幹線の名古屋〜京都間のルートを示した地図で，青い線は雪対策のための対策が施されている区間を示しています。昭和39年（1964年）7月1日，東京〜新大阪間で開通した東海道新幹線ですが，最初の冬を迎えた翌年1月，関ヶ原付近で走行中の車両の窓ガラスにひびが入ったり，床下のタンクが破損したりする事故が頻発しました。原因を調べたところ，高速で走行する際に巻き上げられた雪が車両の下に付着し，氷の塊となって落下する際に線路下のバラスト（小石）を飛散させることがわかりました。このため，線路上に一定量の積雪がみられる時には，徐行運転を行わざるを得なくなったのです。

雪の舞い上がりの防止のため，現在は専用の除雪車両で除雪を行うとともに，スプリンクラーによる散水が行われています。スプリンクラーは岐阜羽島駅から米原駅の先の野洲市付近までのうち68.5kmの区間に設置され，線路と車体に散水されています（**写真❶**）。散水する

写真❶　スプリンクラーによる散水のなかを走る新幹線車両
（米原駅付近，hana_sanpo_michi ／ PIXTA）

水は，多すぎると敷石のバラストを崩してしまうため，毎時5mm程度に抑えられています。東海道新幹線以後に開通した新幹線では，バラストを用いずにコンクリート地盤の上に直接レールを敷く工法が確立したため，より多くの水（上越・秋田新幹線の一部区間では温水）を撒いて雪そのものを融かしているため，徐行せずに走行することが可能です。

④ まとめ

　鉄道や高速道路など，大量輸送機関のルートを決定することは，その後の何十年先の人や物の流れや経済の動きを決める重要な決断です。最も作りやすく，速く目的地まで行くことができるルートを通すことことが理想ではありますが，建設コストや工期など様々な制約を受けながら，沿線の需要も考慮しつつ，ルートが決定されているようです。

　東海道本線や東海道新幹線の関ヶ原ルートは，地形や気象条件から考えると，決してベストとは言えないかもしれません。しかし，安全かつ遅れの少ない運行を維持するために実に様々な努力が払われていることがわかりました。冬に関ヶ原を新幹線で通過する際，窓に水滴がついたら，新幹線を支える方々の努力に思いを馳せてみてはと思います（**写真❷**）。

写真❷　伊吹山の麓を走る東海道新幹線
（べえ／ PIXTA）

3-14 "みやこ"の守りと洛中・洛外
（京都府京都市）

千年の都・京都。雅やかな「みやこ」のイメージとは裏腹に，為政者達は度重なる水害や，過密化する都市の環境整備に頭を悩ませてききました。それゆえに，当時最新の土木技術を用いた大規模なプロジェクトが行われる先端都市でもありました。

今も残る土木遺産と京都の都市開発のこれからについて，地図から読み解きます。

 ## 「やましろ」の国

図1は，地理院地図で描いた京都市中心部の立体鳥瞰図です。京都は，現在の京都市と南の奈良県との境の地域を含めて「山城国（やましろのくに）」に属しますが，奈良時代には「山背国（やましろのくに）」と表記されていたそうです。この地に平安京が置かれたのは794年（延暦13年）のことです。奈良の平城京から移転したばかりの長岡京から再遷都した背景には，度重なる桂川の洪水と，それに伴う疫病の蔓延があったともいわれています。

平安京の造営に取りかかった桓武天皇は，大内裏を現在の二条城の北の付近に定め，南北を貫くメインストリートとして朱雀大路（現在の千本通り）を作り，運河によって桂川，鴨川と直結させ，東西に「堀川」と名付けられました。

このように，都市計画と当時の最新鋭の土木技術を駆使して作られた平安京でしたが，度重なる洪水や土石流に見舞われることになります。人口が増えたことによる燃料や刀剣や陶磁器製造のために森林破壊が起き，土石流が頻発したと考えられます。

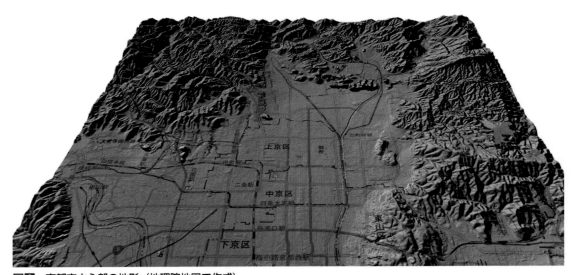

図1 京都市中心部の地形（地理院地図で作成）

唐の都を模して左右対称に造営された平安京でしたが，西側の「右京」は人家も疎らな荒れ地になっていきました。「左京」側も，鴨川の洪水と避難民の発生や疫病に悩まされ続けることになりました。以前，源平の合戦の時代を取り上げたNHKの大河ドラマで描かれた都の描写が，埃っぽく汚らしいと批判を浴びたことがありましたが，リアリティを追求すれば，そのような情景を描かざるをえなかったと思います。京都の夏の風物詩である「祇園祭」は，洪水とその後の疫病によって亡くなった死者の霊を弔う祭りがルーツとされています。山車を引き回して大地に宿る怨霊を鎮め，感染症の蔓延を防ぎたい願望が込めてきたのです。「平安の都」は，都市の居住環境としては余り恵まれたものではなかったのかもしれません。

❷ 御土居による治水対策

慢性的に災害に悩まされてきた京の都の都市計画を抜本的に改めたのは，豊臣秀吉でした。天下統一を成し遂げ，自らの拠点を京都に置くことに決めた秀吉は，自身の居城「聚楽第」の造営に合わせて市街地を土塁で囲むことを命じました。1591年（天正19年）に完成した「御土居」の全長は，約22.5kmにも及びます（**図❷**・**図❸**）。

秀吉が「御土居」を作った意図については諸説あります。自身の拠点を築くにあたって軍事的な防備を固めたかったという説，戦乱で荒れ果てた京の街を復興させるために公共事業を興すとともに抜本的な洪水対策を行って人心掌握をしようとした説などです。

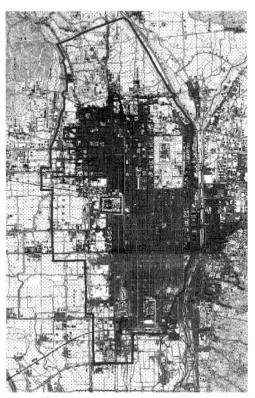

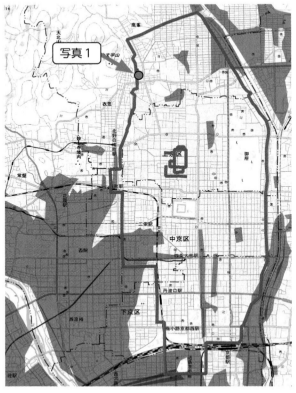

左：図❷　1892年の京都市街と御土居の範囲（赤線）
右：図❸　現在の京都市街地と御土居の範囲（赤線）
青塗りは1935（昭和10）年の「京都大洪水」の浸水範囲[1]

写真❶　整備された御土居の遺構（京都市北区）

御土居は全くゼロから堤を作るばかりでなく、それまでの治水設備や平安京以来の設備を補強する形で進められました。右京の「西堀川」は、再び広げられ、北野天満宮の境内かに沿う形で土塁が築かれました。現在、周辺は住宅地になっていますが、復元整備された土塁を見ることができます（**写真❶**）。

秀吉は、「御土居」を治水対策だけでなく、都への人の出入りの制限と監視にも利用しました。京に通じる7つの街道の出入り口で御土居を切り、関所を設けました。「京の七口」と言われた関所は、軍事的な管理の面もあったかもしれませんが、周辺の農村や他国から流入する貧民を物理的に閉ざす意味もあったように思われます。都市住民として住居と地位を持つ人々が暮らす「洛中」と、それ以外の人々が暮らす「洛外」をはっきり分けることで、身分秩序の固定化、下克上の時代の終わりを可視化したといえます。

御土居によって「洛中」は災害のリスクから開放された一方で、「洛外」は氾濫水が誘導される遊水地のように位置づけられました。**図❷**は、明治初めの旧版地形図に御土居の範囲を重ねた地図ですが、御土居の南端（現在の京都駅南口付近）や鴨川の左岸（東側）は人家がほとんどなく、水田になっています。

図❸には、1935年（昭和10年）に発生した「京都大洪水」（鴨川と、右京を流れる紙屋川、桂川が氾濫）の浸水域を重ねていますが、「洛外」を水に浸からせることで「洛中」を守ろうとした秀吉の意思は、400年経っても機能していたようです。

他国から上洛し、「洛外」の御土居付近に居を定めた人々は、決して少なくありませんでした。条件の悪い土地で暮らしながらも独自の技能や芸能の才を磨き上げ、文化を花開かせていきました。京都のシンボルである各種伝統工芸、歌舞伎や京舞などの伝統芸能は、四条から三条にかけての「河原のまち」で生まれました。また、ラーメンの名店などに代表される京都発祥のB級グルメの多くは、洛外の工業地帯や鉄道労働者が集う京都駅周辺が発祥の地となっており、もう一つの「京都の顔」として熱烈なファンがいます。

❸ 変わる「みやこ」と防災のこれから

図❹は、京都市の行政区ごとの人口と2009（平成20年）から2019（平成20年）の10年間の増減率を、MANDARAを用いて地理院地図に重ね合わせて示した地図です。京都市の人口は2015年をピークに減少傾向にありますが、人口増減は中心部と周辺部ではっきり分かれています。

図4 京都市の各区別人口と人口増減率 (2009 ～ 2019年)
(「京都市人口統計書」より作成)

　御土居の内側,「洛中」の区では人口は増加しています。増加人口が最も多かったのが中京区（6940人）で, 人口増加率は6.7％でした。増加率が最も大きかったのが隣の下京区（6.6％）で, 5309人増加しました。洛中・洛外の境界である上京区, 南区, 右京区でも人口は微増しています。

　逆に洛外, さらに郊外の各区では人口は減少しています。特に減少率が高いのが鴨川東岸の東山区で, 減少率は－9.3％, 10年間で3848人の人口が減りました。以下減少率の高い区は北区（－3.5％）, 西京区（－3.2％）, 山科区（－1.3％）伏見区（－1.2％：減少人口は最大の5995人）です。

　「洛中」が常に安全で快適とは限りません。

生活排水の増大と排水インフラのバランスが崩れれば「内水氾濫」などの都市型洪水に見舞われる可能性はありますし, ヒートアイランド現象の恒常化, 騒音公害やオーバーツーリズムなどの課題もみられます。一方,「洛外」では, 高齢化に伴う諸問題に加え, 防災に有効な地域コミュニティの維持も課題になると思われます。古くから「都市問題」「社会問題」に直面してきた京都。課題先進地域として授業で取り上げて, 議論を深めてみたい場所です。

1）昭和10年6月の豪雨による災害。死者83名, 家屋流出187棟, 浸水家屋43289棟浸水範囲は京都府ウェブサイト「昭和10年の鴨川大洪水とその後の治水対策について」より引用（https://www.pref.kyoto.jp/kasen/1172825060356.html）

3-15 想定された洪水・予想外の水害
（岡山県倉敷市真備地区）

　2018（平成30）年6月28日から7月8日にかけ，梅雨前線の停滞に伴って降り続いた大雨は，各地で大災害をもたらしました。気象庁は7月9日に「平成30年7月豪雨」と命名しましたが，被害が甚大だった地域にちなんで「西日本豪雨」と通称されています。なかでも岡山県では，河川の氾濫によって死者・行方不明者64名（2019年1月現在。岡山県は2021年2月に95名と「災害関連死者」と認定），家屋の全半壊4,216棟の災害に見舞われました。そして，その大半が倉敷市北部の真備地区に集中しました。真備地区での死者は51名，そのうち42名が自宅の1階で発見されました。

　ただ，被災前後から多く報道されているように，この地域は水害多発地帯であり，今回の洪水の浸水域や浸水深も，ハザードマップで想定されたものとほぼ同じです。洪水の範囲や規模が予測されていたにもかかわらず，なぜこれほど多くの人命が奪われてしまったのでしょうか。また，地区はその後，どのような復旧・復興を遂げているのでしょうか。関連する資料を地図化し，現地を歩いてみました。

1 ハザードマップと浸水実績図の比較

　図1は，国土交通省「国土数値情報」で公開されている「想定浸水域」のデータから，高梁川と支流の小田川の想定浸水深を示した地図です。倉敷市真備地区は，高梁川の右岸（西側）と小田川の左岸（北側）に挟まれた沖積低地と，それを囲む丘陵地帯からなります。もともと，年間を通して降水量が少ない瀬戸内型気候で，小田川の北の丘陵地には溜池と北から南に注ぐ短い支流がみられます。大雨の際，本流の高梁川が増水すると，小田川の水が排水されずに滞留する「バックウォーター現象」が懸念されていました。

　実際，真備地区ではこれまでに何度も洪水に見舞われてきました。被害が最も大きかったのは高梁川の堤防が決壊した1893（明治26）年の洪水で，流域全体で全半壊12,920戸，浸水家屋50,209戸に及び，真備地区でも68名

の死者が出ています。近年では，1972（昭和47）年，1976（昭和51）年，1985（昭和60）年，1998（平成10）年，2006（平成18）年，2011（平成23）年に洪水が発生しています。住民は，排水の悪い小田川の治水対策を要望し続けて来た結果，2018年の秋から10年かけて小田川と高梁川をつなぐバイパス水路を作る工事が着工する直前の大災害となりました。

　図2は，2018（平成30）年7月6日深夜から翌7月7日未明にかけて発生した堤防の破損箇所と浸水範囲および推定浸水深を示した地図です。国土地理院が作成した浸水実績図に二瓶（2019）の調査による破堤地点を加えました。

　高梁川・小田川の氾濫想定浸水深は，100年に1度の頻度とされる「2日間で225mm」の降雨を前提に作られていますが，2018年7月6日の倉敷市の降水量は1日で138.5mmに達しました。7月7日午前0時頃，小田川の支流である高馬川（2箇所）と末政川（3箇所）の

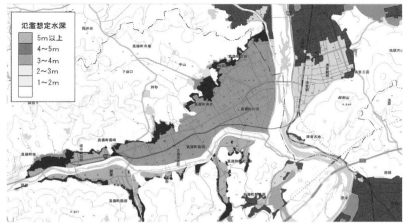

図1　倉敷市真備地区の氾濫想定水深
（「国土数値情報」により作成，背景は地理院地図）

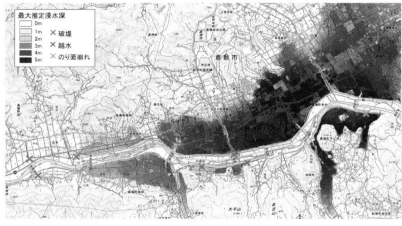

図2　2018年7月7日豪雨災害における堤防破壊地点と浸水域
（国土地理院ウェブサイト「平成30年7月豪雨に関する情報」に二瓶（2019）の資料を加筆）

図3　小田川・高梁川の合流地点と浸水範囲
（地理院地図により作成）

堤防がほぼ同時に決壊したとみられています。高馬川と末政川はともに天井川になっており，小田川との合流地点付近に水が滞留しました。午前4時頃までに小田川で2箇所，支川で7箇所，合計9箇所で堤防が破壊されました。二瓶（前掲）によると，7月7日午前3時から4時の時点での最大水深は4.4m。浸水速度は最大で1時間あたり2.7mと推定されます。これは2015年の関東・東北豪雨で大きな被害を出した鬼怒川の洪水氾濫（1時間あたり0.5m）の8倍です。図3は，図2の浸水域を空中写真に重ねて立体化したものです。周囲を堤防に囲まれた低地で逃げ場を失った水が水位を上げた様子が想像できます。

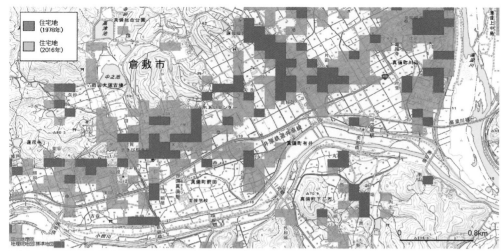

図4　住宅地の拡大（緑：1976（昭和51）年，橙：2016（平成28）年）
（国土数値情報「土地利用メッシュ」より作成）

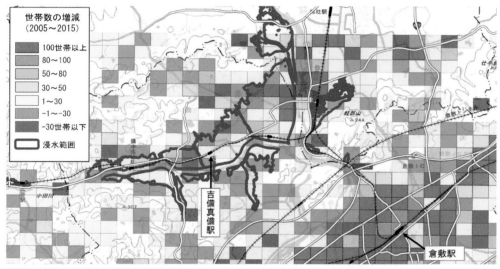

図5　倉敷市北部の世帯数の増減（１kmメッシュ）と平成30年７月豪雨の浸水範囲

② 増え続ける住宅と小河川の氾濫

　災害をもたらした背景には，急速な人口増加に伴う低地の宅地化も関係しています。**図4**は，国土数値情報の「土地利用メッシュ」から，建物用地として利用されている地域を2つの時期で分けて着色したもの，**図5**は，国勢調査の人口１kmメッシュから2005年と2015年の世帯数の増減を示した地図です。

　住宅地は小田川から離れた丘陵から小田川に近い地域や高梁川の堤防沿いに広がっています。井原鉄道（1999年開通した第三セクター）開通や，国道486号線の拡幅により，真備地区は，倉敷のベッドタウンとして急速に宅地が広がりました。末政川は川幅が10mにも満たない小河川です（**写真1**）。しかし，堤防の両岸に崩れた跡が，付近には２階まで水に浸かった建物や倒された塀がみられました（**写真2**）。

写真1　末政川と堤防域（筆者撮影）
上流の山地には花崗岩が多く分布し崩れやすく，土砂を
川に流して砂鉄を採る「鉄穴流し」も盛んに行われてい
たことから，土砂が堆積して天井川が形成された。

写真2　浸水した建物と倒されたブロック塀（筆者撮影）

写真3　吉備真備駅の高架下にある浸水実績深の表示
井原鉄道の線路は高架線になっており浸水を免れたが，
通信設備などが浸水被害を受け，約2か月間運休した。

写真4　吉備真備駅前に建てられたハザードマップの看板
洪水・土砂災害リスクや避難場所だけでなく，ため池の
分布も示されている。

③　まとめ

　　水はけが悪い低地で洪水が頻発していた真備
地区では，豪雨による洪水の発生や浸水の深さ
はある程度予測されていました。しかし，一級
河川である小田川や高梁川の氾濫ではなく，小
さな支流の氾濫が，これほどまでの規模と速さ
で低地を水で満たし，逃げ遅れた人達の人命を
奪うことは，想定外だったのではないかと考え
られます（**写真3**）。

　　「教訓」という言葉を安易に使うことは酷か
もしれませんが，ハザードマップ（**写真4**）が
予測する内容がどのような災害につながるのか
を検討する上で，重要な事例地域といえます。

参考文献
1）二瓶泰雄（2019）「小田川における洪水氾濫状況」，
　消防防災の科学（136），12-18.

3-16　土石流の教訓を教材化するには
（広島県広島市安佐南区）

　平成26年（2014年8月19日），西日本を襲った集中豪雨は，広島市北部で未曾有の大惨事を起こしました。安佐南区，安佐北区の新興住宅地で深夜に発生した土砂崩れにより，死者74人・負傷者44人の被害を出しました。土砂崩れが発生したのは午前3時〜4時ごろで，最大雨量が1時間に121mm（安佐北区三入東）に達したところで同時多発的に土砂災害が発生しました。国土交通省のまとめによると，土石流107件，土砂崩れ59件（2014年9月19日集計）に達し，家屋の被害は全壊133戸，半壊122戸，一部損壊174戸に及びました。避難勧告の遅れ，9400世帯に及ぶ停電など悪条件が重なり，犠牲になった方々は真っ暗闇な家の中で「山津波」に呑まれたのです。

　国土地理院の「防災関連」サイト（http://www.gsi.go.jp/bousai.html）には，当時撮影された空中写真や写真判読による土砂の到達範囲などが，GISデータとして保管されています。発災当時，近くの高校にお勤めだった河合豊明先生（前：広島文教女子大学附属中高教諭，現：品川女子学院中・高校教諭）のお話と資料を踏まえて都市型の災害に備えるための授業を考えてみたいと思います。

❶　同時多発土砂災害を鳥瞰する

　図❶は，国土地理院の広島豪雨災害のサイトにある土砂到達範囲のレイヤ（KMLファイル）と，「地理院地図」の地図画像を「カシミール3D」で切り出してKMLファイル化したものを，Google Earth上で重ね合わせたものです。斜面に沿って扇状地を成す地形の扇端から扇央にかけて住宅が密集しているところに土石流が襲ったことがわかります。

図❶　広島市安佐南区付近の土石流・土砂災害（土石流レイヤは国土地理院の防災サイト，地図は地理院地図を重ねた）

図2　土石流警戒区域（紫）と実際に土石流が発生した場所（赤）

同じ図に，国土交通省が公開している「国土数値情報」の「土石流警戒区域」（平成25年）のレイヤを重ねてみました（図2）。紫色に塗りつぶした面が警戒区域です。報道でも指摘されましたが，今回大きな被害を受けた場所は，土石流警戒区域に指定されておらず，砂防ダムなどの建設計画があったものの先送りされていたとのことです。この災害以後，付近は土石流特別警戒区域に指定され，砂防ダムや土石流の監視カメラを備えるにようになりました。

土石流災害警戒区域になっていないから安心というわけではありません。「想定外」の事態は起こりうるということや，開発のスピードに防災対策が追いついていない土地も多くあります。自治体が配布する「ハザードマップ」だけでなく，自分で地形図やGoogle Earthなどを見て土地を確かめる必要とよいでしょう。図3・図4は，多くの犠牲者を出した八木地区の新旧地形図です。「カシミール３Ｄ」を用いると，新旧地形図をGoogle Earth用で読み込むファイルにもできますので，立体感を出した上で読図をすることも有効です（図3・図4）。

② 現場の目線から

勤務地の学校のすぐそばで大規模土石流の災害に見舞われた河合先生。まずは生徒の安否確認と通学の安全を検討した上で，「地理教師」として周囲の記録をとり，矢継ぎ早に流れる報道から，地元の新聞の記事を切り抜いたりデジタル版の画像を保存しました。さらに，生徒とともに周辺の避難所などをまわって，片付けの手伝いやお年寄りの話を聞くなどの活動をされました。一連の活動をまとめて，筆者の勤務校で講演していただきました。

先生が気にかけておられたのは，当事者として日々忙しく動いていると，外の状況や，今回の災害の全容がなかなか見えなかったことです。大規模な災害が起きた際，電気や通信手段も途絶えている被災地よりも，外の地域の人の方が詳しい情報を持っているというのは今回に限らずよくあることです。また，被災地の外から取材に来た報道陣は，日頃の生活情報よりも災害の悲惨さ，凄惨さに注目しがちです。そうした報道内容の違いや他地域の状況を踏まえて

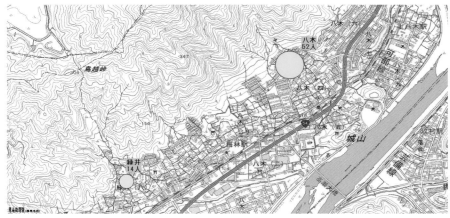

図3 八木・緑井地区の地形図と死者数
（地理院地図）

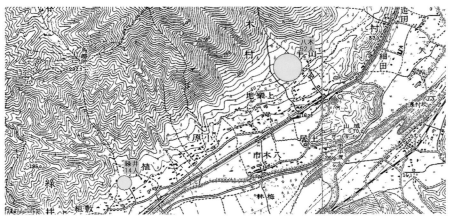

図4 八木・緑井地区の地形図と死者数
（旧版地形図，1919年）

図5 Google Earthと連動させた新聞記事のイメージ
（河合豊明氏の報告スライドから）

保存し，後々も使えるようにと，先生はありとあらゆる情報をGoogle Earth上の地点とひもづけて整理・保存されていました。言うなれば「地図上に展開するデータベース」です（図5）。河合先生の講演では，新聞記事，動画，現地で撮影した写真など，あらゆるものにリンクがされたGoogle Earthを披露してもらいました（写真1〜4）。

3　展望とまとめ

　今回の災害と，国土地理院や河合先生の仕事を見て改めて感じたことは，いわゆる「防災教育」は，災害への備えを講ずるだけではなく，いざ災害が起きた時，どう行動するかを常に考えることの大切さです。「行動」と言っても，応急処置法や迅速な避難の方法だけではありません。被災地の外にいるプロフェッショナル達がどのようにして情報を得て，使えるようにしているのかを知り，今目の前で起きている状況を的確に記録することも，立派な災害貢献になると思います。

写真❶　崩れた道路の一部
（撮影：河合豊明氏）

写真❷　泥の川になった学校敷地
（撮影：河合豊明氏）

写真❸　積まれた土のう
（撮影：河合豊明氏）

写真❹　被害にあった周辺の住宅を訪問する生徒
（撮影：河合豊明氏）

　何もプロのカメラマンのように縦横無尽に振る舞い，センセーショナルな写真を撮れというわけではありません。むしろ，「ニュース映像にはならない」（しかし後々役に立つかもしれない）風景を記録し，後輩や外部の人たちが「教材」として使えるようにすることも大切なのではないかと思います。

　「あのときは，ここまで水が来た」「ここに避難した」「こんな報道がなされていた」といった話題は，時が経つにつれて忘れられて行きます。また，復興のなかですっかり景色が変わることもあるでしょう。今，ほとんどの生徒がカメラ付きのスマートフォンを持っていますが，使いようによっては，いざという時の情報収集のための重要な手段になりえます。

　ともあれ，何も指導しないまま災害時に勝手に写真を撮りまくるのも困ったものですし，生徒を余計なトラブルに巻き込みかねません。写真を撮るときのマナー，何を撮るかの視点，記録の残し方など，平常時に「訓練」しておく必要があります。

　撮った写真や記事を，位置情報をもとに地図上に展開して地図から索引が引けるようにすれば，後から自由に使うことができます。また，写真や記事をKMZファイルにパッケージ化し，オフラインで動くモバイル端末に入れておけば，インターネット回線が不通になった時でも，発災後に外からやってくる土地勘のないボランティアに，道順や状況説明をする際に活用することができます。

　「もしも」の時に備える防災教育から，次につなぎ，教訓を共有する防災教育へ。地図やGISが果たす役割は高まりつつあるのではないでしょうか。

3-17 "坂の街"の空き家問題
（広島県尾道市）

　　尾道は，瀬戸内海を見下ろす斜面に立ち並ぶレトロな町並みが観光資源になっています。多くの映画やCMのロケとなり，観光客にとっては写真映えする景色ではありますが，その一方で，住宅の老朽化や，住み手を失って放置されている空き家の問題は深刻です。

　　狭い範囲に空き家が集中するのはなぜか，災害リスクを軽減するためにどのような取り組みが行われているのか，地図を通して考えてみました。

1　尾道市の概要と空き家の分布

　　図1は，尾道市の市域を地理院地図で示したものです。尾道市は，広島県の東部に位置する人口約13万1000人の街です。市域は東西約10km，南北約35kmと細長い形をしています。「平成の大合併」により北の山間部と南の島嶼部の市町を相次いで編入合併したためです。

　　尾道市は，2017年3月に「尾道市空家等対策計画」を策定し，市内各地域の空き家の発生状況を地図にまとめました（**図2**）[1]。図から空き家の分布を見ると，過疎化が進む山間部や離島の集落で空き家が目立つだけでなく，観光名所となっている尾道駅の東側の旧市街地で空き家が集中しているのがわかります。

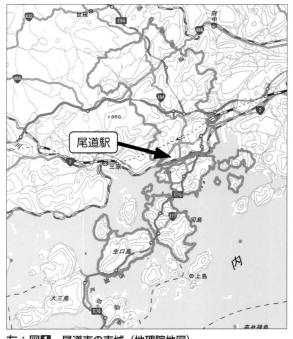

左：**図1**　尾道市の市域（地理院地図）
右：**図2**　尾道市内の空き家の分布　「尾道市空家等対策計画」より

図3は，**図2**をGoogle Earthに重ねて尾道駅周辺を拡大した図です。尾道駅の南，向島との間の水路が尾道港で，港を挟む斜面にある住宅地で特に空き家が多くなっていることが分かります。国勢調査（2015年）の小地域ごとの高齢者人口率を重ねた地図（**図4**）と比較してみると，空き家が集中している地域と高齢者人口比率が高い地域がほぼ一致しています。

　「レトロな街並み」「坂のある街」として昼間は観光客も多いエリアは，尾道市内で最も空洞化が進んだ場所でもあるのです。

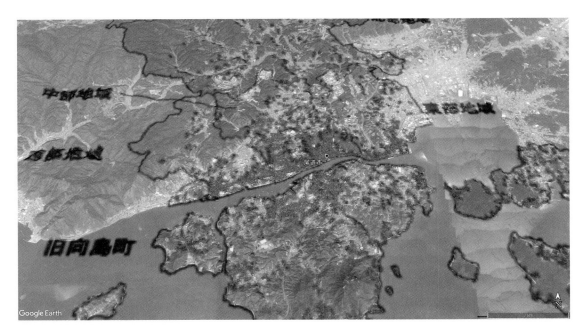

	50%～
	40%～49%
	30%～39%
	20%～29%
	10%～19%

上：**図3**　JR尾道駅周辺の地形と空き家の分布　（**図2**をGoogle Earthで表示拡大）
下：**図4**　同地域の高齢者人口率（2015年）（国勢調査小地域区分を重ね合わせ）

2 「坂の街」の歴史

　図5は，明治30年の尾道中心部の地形図です。尾道に鉄道が開通したのは明治24年（1891年）のことです。鉄道は尾道の中心市街地の外縁をなぞる形で建設され，街外れに尾道駅が建てられました。この時，立ち退きを余儀なくされた住民が，鉄道の北側の斜面（当時は寺社が管理していた森林）を切り開いて新たな住宅地としたのが「坂の街」の始まりです。昭和初期の地図を見ると，線路の北側の斜面に新たな住宅地が増えていることが確認できます（図6）。

　「坂の街」は，明治・大正期の新興住宅地として，古くからの商家が建ち並ぶ港沿いとは趣の異なる景観を作り出しました。それと平行する形で，旧市街に住んでいた豪商達は，売りに

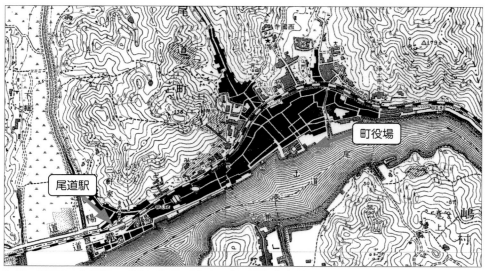

図5　尾道の中心市街地（明治30年）（2万分の1地形図「三原」）

図6　尾道の中心市街地（昭和25年）（2万5千分の1地形図「三原」）

写真❶・❷　車の通行が困難な街路（筆者撮影）

出された寺社の用地を買い求め，「茶園」と呼ばれた茶室付きの別荘を相次いで建設しました。建物は戦災をほとんど受けることなく保存されていますが，車も入ることが難しく，下水道の整備も遅れた斜面の家々の多くは空き家化しています。

　尾道市内の空き家数は，12590戸（2017年）で，全住宅に占める割合は18.2％と全国平均（13.2％）よりも高くなっています。合併前の旧尾道市の空き家数は4645戸で，そのうちの46.5％あたる2159戸が中心市街地のある「中部地域」に集中しています。

　空き家が恒常的に放置されることによって生じるリスクは，そこに住んでいる人に重くのしかかります。大雨や地震の際の倒壊や道路の寸断，火災の発生，不審者の滞在などが考えられます（**写真❶・❷**）。

③　空き家再生に向けたとりくみ

　平成21（2009）年から始まった「空き家バンク」制度では，市とNPO法人が中心となって空き家のリノベーションや，移住希望者向けに空き家の紹介を行っています[2]。旧泉邸別邸（通称「ガウディハウス」：**写真❸**）は昭和8年の建築され，住人がいなくなってから25年間

写真❸　再生された空き家
「空き家再生プロジェクト」ウェブサイトより

空き家として放置されていたものを2007年にリフォームした建物で，プロジェクトのシンボル的な存在です。

　ただ，このように文化財的な価値を持つ空き家や，新たな居住者が見つかる空き家は例外的とも言えます。暮らしの安全を守るためには，残すべき空き家と解体するべき空き家の取捨選択と，防災公園などの空き地の整備が必要かと思われます。

1）尾道市（2017）「尾道市空き家等対策計画」
　　https://www.city.onomichi.hiroshima.jp/
uploaded/attachment/6930.pdf
2）NPO法人 尾道空き家再生プロジェクト
　　http://www.onomichisaisei.com/index.php

3-18 「津波の高さ日本一」の町で考えたこと（高知県黒潮町）

　2016年11月25日・26日の2日間，高知県幡多郡黒潮町で行われた「第1回 世界津波の日・高校生サミット」に，生徒を引率して参加しました。2015年12月の国連総会で，毎年11月5日を「世界津波の日」とすることが全会一致で採択されたことを記念して開かれた会議で，日本国内から35校（115名），海外から29か国（246名）の生徒が集まりました。

　地方の沿岸や山間部の地域は，「マンパワーの不足」という潜在的な脆弱性を抱えています。2012年に内閣府が発表した「南海トラフ巨大地震津波想定」で，想定される津波の高さが日本一（34.4m）とされて以来，黒潮町は様々な取り組みを行っていますが，日本で最初の「高校生津波サミット」を開いたことは，同じような状況にある地域（特に教育関係者）を鼓舞する機会になったと思います。

　黒潮町に関して災害リスクを地図化し，町の脆弱性を可視化した上で，「高校生津波サミット」が，四国の町で行われた意義について考えてみたいと思います。

① 黒潮町の概要—津波浸水区域と人口動態

　黒潮町は，高知県の南西部にある町です。人口は10,152人（2023年11月末現在）で，2006年（平成18年）に幡多郡の大方町と佐賀町が合併してできました。南西部では峠や尾根筋を境に四万十市と接しています。黒潮町の産業は，かつおの一本釣り漁をはじめとする漁業や水産加工業，野菜や花卉などの園芸農業が盛んです。

　図❶は，「地理院地図」を使って黒潮町の地形図に津波の想定浸水深を重ねた図です。黒潮町の海岸線の長さは約30kmで，大部分がリアス海岸ですが，西側に長さ4kmにわたる砂浜・

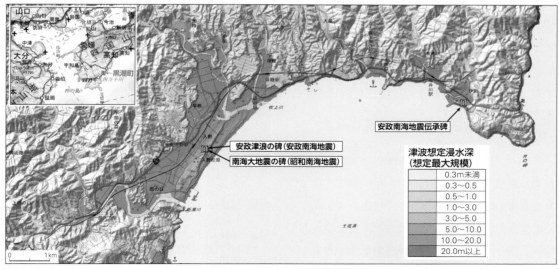

安政南海地震伝承碑

安政津浪の碑（安政南海地震）
南海大地震の碑（昭和南海地震）

津波想定浸水深
（想定最大規模）

| 0.3m未満 |
| 0.3〜0.5 |
| 0.5〜1.0 |
| 1.0〜3.0 |
| 3.0〜5.0 |
| 5.0〜10.0 |
| 10.0〜20.0 |
| 20.0m以上 |

0　　　1km

図❶ 黒潮町主要部の津波想定浸水深（地理院地図で作成）

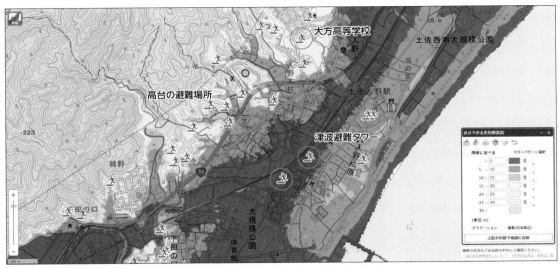

図2 黒潮町入野地区の指定避難場所（津波）と色別標高図 （地理院地図で作成）

入野松原があります。16世紀に付近を支配した領主・長宗我部元親の指示で防風・防砂林として植林されたのが起こりと言われます。入野松原には，南海トラフ地震によって発生した津波の被害を後世に伝えるために建てられた伝承碑が2箇所あり，地理院地図から写真と概要を確認できます。一つは安政南海地震（1854年12月24日，旧暦：嘉永7年11月5日）の碑で，もう一つは昭和南海地震（1946年［昭和21年］12月21日）の碑です。

　安政南海地震の碑には，本震がおこる前日（旧暦11月4日）の昼頃にかすかな揺れを感じ，鈴波（小規模な津波？）が発生したこと，翌日の午後4時頃に大地震が発生し，人々はすぐに山に逃げて津波に備えたこと，津波は合計7回押し寄せ，そのうち第4波が最大だったこと，田は一面水に浸り，村は砂漠のようになったこと，同じような鈴波は148年前の宝永地震（1707年［宝永4年］）の前にも起きており，100年以上後の住民にもそれを伝えるべく碑を建てた旨が記されています。それから92年後に発生した昭和南海地震では，町のある幡多郡全体で死者320名，倒壊家屋が6,041棟に及ぶ被害をもたらしました。

　図2は，黒潮町の中心部（入野地区）の標高区分と避難施設の分布を示した地図です。JR予讃線の土佐入野駅周辺の中心市街地は，広い範囲にわたって浸水が予想されます。町役場は，土佐入野駅の北西（海抜6m）にありましたが，2018年1月に現庁舎（海抜26m）に移転したのを皮切りに，消防署や保育園など6つの公共施設が高台への移転を行いました。また，2020年から役場周辺で大規模な宅地造成工事が始まり，300戸規模の新たな住宅団地の建設が進んでいます。入野地区沿岸では，最高25m，230人収容可能な津波避難タワーが6箇所設置されています。

　一方，「防災の町」としてのPRと雇用機会の確保を兼ねて2014年に町営の缶詰工場が立ち上がり，特産のカツオやウナギを使った缶詰を製造・販売しています。「非常食から日（ひ）常食へ」を合言葉に，道の駅での販売を行いつつ，「おいしい非常食セット」の通販や流通大手との商品の共同開発などを行っています。

　図3は，黒潮町の人口動態を人口ピラミッドで表したものです。左側は2010年の国勢調査結果で，右側は2040年の推計値です。2010年で最も多いのは60〜64歳の世代で，突出して

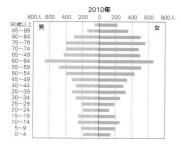
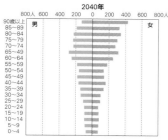

図3　黒潮町の人口ピラミッド（「平成27年版黒潮町まち・ひと・しごと創生人口ビジョン」より作成）

いています。2010年の高齢化率（65歳以上の人口割合）は35.2％で，2019年には45.4％にまで増えました。さらに2040年には56.7％にまで増えると見込まれています。黒潮町では，少子高齢化が進行しています。

黒潮町全体の人口も，1980年以降は減少の一途をたどっています。国勢調査による1980年の人口は16,116人（旧大方町・旧佐賀町の合計）でした。しかし，20年後の2000年には14,208人（同）となり，2020年には10,262人になりました。現在の人口減少ペースに基づいた黒潮町の推計によると，2030年には8,048人，2040年には6,657人にまで人口が減少すると予想されています。

② 「その時」に高校生は町にいるのか？

図4は，高知県内の高校生の通学状況（2020年国勢調査）と，高校入試の入学定員および志願者数（定員充足状況）を表した地図です。2022年度現在，高知県内には公立高校が37校（35校と2分校），私立高校が9校あり，入学定員は8,440人ありますが，2022年度入試の志願者数は5,834人でした（倍率0.69倍）。

高知県の郡部では，クラス数の減少による小規模化や，統廃合の検討がされている学校も少なくありません。このため，郡部に住む中学生の多くが地元の小規模な学校を志望せず，都市部の大規模な学校を指向しがちです。県庁所在地である高知市でも，定員は充足していない高校が見られ，高知市内以外から多くの生徒を集めなければならない状況が続いています。各市町村における他市町村への通学者の割合を見ると，20％を下回っているのは高知市（11.1％）のみで，全34市町村のうち24市町村が，他市町村への通学率が50％を超えています。黒潮町の他市町村への通学率は65.8％です。

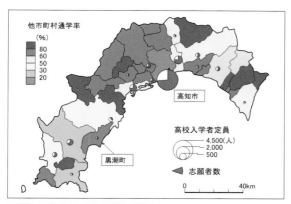

図4　高知県の高校進学の状況
（高知県教育委員会資料・国勢調査より作成）

写真1　「第1回 世界津波の日高校生サミット」分科会の様子（筆者撮影）

写真❷ 「第1回 世界津波の日高校生サミット」集合写真 （黒潮町ウェブサイトより）

平日の日中に巨大地震が発生した際，高校生の「帰宅困難者」の問題や通学途上に津波に遭遇する懸念があります。東日本大震災の際も，居住地が津波に流されて，学校への残留を余儀なくされた生徒や，帰宅途中に津波に遭遇し，歩道橋や商業施設の駐車場などで一夜を過ごした生徒がみられました。「地域の防災の担い手」として期待されている高校生ですが，「昼間は高校生が街にいない」ことは，いざという時のリスク要因といえます。

❸ 小さな高校が「サミット」を主導した意味

昼間は地元の高校生の大半が他の街に出てしまう町で，高校教育の灯を守り続ける公立高校の存在は，決して小さなものではありません。今回の津波サミットでは，黒潮町唯一の高校である「高知県立大方高等学校」の生徒たちの活躍が光りました。議長を務めた二人の女子生徒は，英語による司会だけでなく，東京で行われた事前準備会への参加や，共同宣言の策定にむけた各分科会の代表生徒との折衝などの仕事に携わりました。他にも在校生がボランティアとしてきめ細やかなもてなしをしてくれました。

筆者の生徒が所属した分科会では，パプアニューギニア，ミクロネシア連邦，中国広東省の生徒に加え，地元高知県の高校生が参加しました。外国の生徒達の多くは首都の国立高校などで寮生活を送っており，英語も堪能で国の防災政策を論ずるようなエリートたちでしたが，巡検や懇親会の場では，それぞれの田舎の自慢や心配事を語ってくれました。

地元で行われた一大イベントに誠心誠意取り組んだ高校生の働きが評価され，外国の生徒の心に響いたのならば，「第1回 世界津波の日高校生サミット」が大都市ではなく，四国の小さな町で行われたことの意義は，非常に大きかったのではないかと思います。

第2回高校生津波サミット（2017年）は沖縄県宜野湾市，第3回（2018年）は和歌山県和歌山市，第4回（2019年）は北海道札幌市，第5回（2022年）は新潟県新潟市で行われました。高知県では2017年から毎年「高知県高校生津波サミット」を開催し，大方高等学校も活動報告を続けています。

3-19　地下街と都市洪水
（福岡県福岡市天神・博多地区）

　1999年6月28日，早朝，発達した梅雨前線に刺激され，福岡市では1時間あたり77mmの豪雨に見舞われました。この雨で，JR博多駅周辺の地下街やビルの地下駐車場などが水没し，飲食店従業員の女性が逃げ場を失って亡くなりました。地下に通じる階段を水が滝のように流れ落ちる様子や，地下鉄のホームが水に浸かる様子は大きく報道され，「都市洪水」の典型例として，地理の教科書にも取り上げられています。

　地下街を持つ大都市は数多くありますが，なぜ福岡で被害が続き，大きな被害をもたらしているのでしょうか。またそれを防ぐ手立てはあるのでしょうか。地形と地下街の歴史から考えてみたいと思います。

1　福岡市中心部の地形と気候

　図1は，「地理院地図」で作成した福岡市の立体鳥瞰図です。標高5m以下が青，10m以下を橙で着色しています。福岡市の中心部は，那珂川を境に天神（中央区）と博多（博多区）に分かれています。博多駅のすぐ東には御笠川が流れています。御笠川は，三郡山地に源流を持つ全長21kmの2級河川で，太宰府市から福岡市の南部にかけて扇状地を形成しています。御笠川の平均勾配は約350分の1（350m進んで1m下る）ですが，黒木ら（2005）によると，博多駅付近の平均勾配は1000分の1程度で，大雨の際には水が滞留する上，満潮の際には行き場を失った水が堤防を越えて溢流を起こし易い場所になっています。

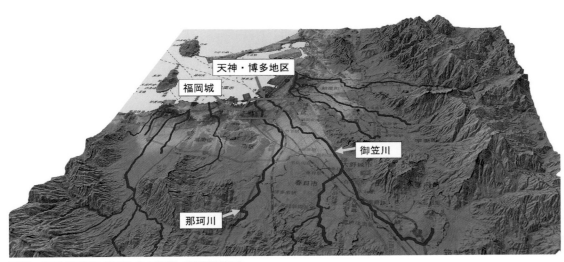

図1　福岡市周辺の地形と主な河川（地理院地図）

福岡市の年間平均降水量は1,612mmで，東京（1,528mm），大阪（1,279mm）よりも多くなっています。6月〜9月の福岡の降水量は883mmで，東京（699.3mm），大阪（593.1mm）と大きな差があります。ただ，市の周辺に大きな河川が少ない（政令指定都市で唯一，一級河川を持たない）ため，しばしば渇水に見舞われています。

② 天神・博多の発達と地下空間の開発の歴史

次に，福岡市の中心街である天神地区，博多地区の発達の歴史と地下空間の開発について概観します。図2は，今昔マップで表示した1952年（昭和27年）の地形図です。

江戸時代以前，この地域の経済の中心は那珂川の右岸の博多地区でした。江戸時代に入り，幕府からこの地を拝領した黒田長政は，那珂川の左岸の小高い丘（福崎）に城を構え，自身の郷里の地名をとって「福岡城」と名付け，丘の裾に武家屋敷などからなる城下町を建設しました。その際，城の鬼門（北東）を守る鎮守社と

して，郊外にあった水鏡天満宮を勧請したことから，この地は「天神」と呼ばれるようになりました。

明治22年（1889年），九州最初の鉄道が博多〜久留米間に開通しました。初代の博多駅は当時の市街地の南端にできましたが，石炭をはじめとする物資や人の移動の需要が高まるにつれて手狭になり，明治42年（1909年）に，さらに南に駅舎を移転しました。戦後の復興が進むなか，九州最大のターミナル駅である博多駅には石炭をはじめとする貨物と旅客が集中し，慢性的な混雑にさらされるようになりました。駅の周辺では1時間のうち50分間遮断機が上がらない「開かずの踏切」が問題となり，鉄道の高架化と貨物と旅客駅の分離が強く求められ，昭和38年（1963年）12月1日，博多駅は旧駅から約500m南東の水田地帯に移転しました。そして，翌年の昭和39年（1964年）11月，博多口に延べ床面積5,423m²の「博多駅地下街」が開業しました。

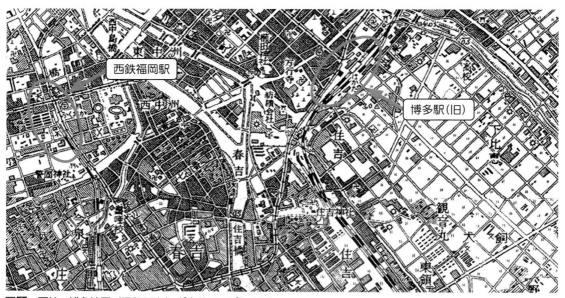

図2　天神・博多地区（昭和27年）（「今昔マップ」より）

「天神地下街」の範囲

博多駅（地下）および
「博多駅地下街」の範囲

図3　天神・博多地区（現在）（地理院地図より作成）
（赤：標高3m未満・水色：3〜5m・黄色：5m以上）

　　図3は，現在の博多駅と天神駅の地形図です。標高を塗り分けた上で，地下街の範囲を記入しています。旧博多駅は，祇園町の寺が集まる地域の南にありましたが，現在の博多駅は，より標高が低く，御笠川に近い水田地帯に移転して今日に至ります。那珂川を挟んで対岸の天神地区の中心にある西鉄福岡駅は，博多駅よりも標高が低い場所にあります（写真1）。

　　昭和51年（1976年）9月，「天神地下街」が開業しました（写真2）。延べ床面積53,300m²，全長590mと博多駅地下街を凌駕する規模になりました。1981年には地下鉄が開業し，博多と天神は地下空間で直結しました。

③　地下空間を襲う洪水

　　図4は，平成11年（1999年）6月28日朝に発生した御笠川の溢水氾濫に伴う博多駅付近の浸水状況と地下施設の被害を示した地図です。

　　浸水は博多駅の東側で面的に広がり，地下の被害もより多く集中している一方で西側では道路のみが浸水していることがわかります。駅の東側から侵入した水が地下街でダムのように一旦たまり，地下道が導水管の役割を果たして西側に排出されたものと想像されます。地下に溜まった水の量は，地下鉄のトンネル付近だけで1,000トンに達しました。2003年7月19日に発生した豪雨で御笠川が再び氾濫した際は，犠牲者こそ出なかったものの，地下施設の被害が178棟，地下鉄の排水量は1999年の10倍を超える約1万トン（浸水高1.3m）に達しました[3]。

　　度重なる中心街の浸水を受けて，2004年5月に「特定都市河川浸水被害対策法」が施行され，治水事業「レインボープラン」を策定されました。2006年に建設された御笠川と那珂川をつなぐ地下水路「山王放水路」の入り口に3万m³を貯水する地下ダム「山王雨水調整池」の建設など，1999年度から2018年度までの計画に費やした予算は総額1786億円に上ります。

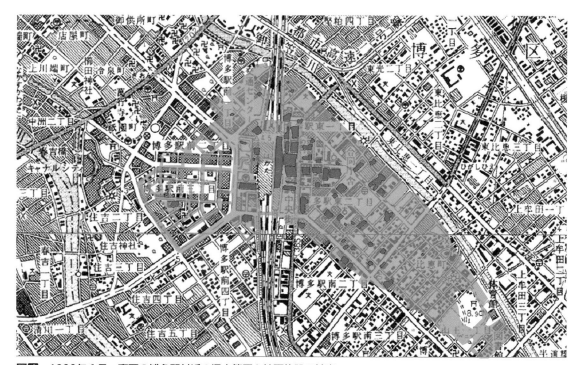

図4 1999年6月 豪雨の博多駅付近の浸水範囲と地下施設の被害
（水色：浸水範囲・赤：被害を受けた地下施設）

それでも2019年8月9日，天神地下街に雨水が流入し，地下街が数cmの冠水に見舞われるなど，不安要素は残っています。

かつて「50年に一度の規模」といわれた集中豪雨が毎年のように発生するなか，市街地を浸水からどのように守って行くかは，河川や都市基盤を管理する人たちの共通の悩みです。福岡市の場合，市街地の過密化に加え，福岡空港周辺地域で高層建築物への高さ制限があったことから，低湿地帯や地下空間の開発が積極的に行われてきた歴史があります。今後，異常気象の常態化に加え，人口増加に伴う市街地の拡大，特に河川上流域の宅地化が進むにつれ，河川への流入水がさらに増える可能性があります。

抜本的な解決は難しいかもしれませんが，地下街の浸水被害を最小限に食い止めるためには何ができるのでしょうか。「都市洪水」の課題先進地域として，福岡の今後の取り組みに注目したいところです。

1）黒木 貴一・磯 望・後藤 健介・張 麻衣子（2005）：「2003年 九州豪雨による浸水状況 から見た福岡市博多駅周辺の土地条件，季刊地理学（57），63-78.

写真1 上空から見た博多の市街地
（at ／ PIXTA）

写真1 天神地下街
（Higashi2017 ／ PIXTA）

3-20 寛政と平成の「大変」
（長崎県島原市）

　長崎県の東端，熊本と長崎のちょうど中間にある島原半島は，有明海にあった火山島の周囲にできたいくつもの海底火山がつながって現在の形になったといわれています。半島の中央部の「雲仙岳」は，1990（平成2）年の噴火で長崎県最高峰になった「平成新山」（1483m）を筆頭に，普賢岳（1359m），国見岳(1347m)など大小20以上の活火山からなります（**図❶**）。人が住む場所の側に火山があるというよりも，活火山そのものに人が住んでいると言える島原半島では，時に想像をはるかに絶する被害を受け，その都度復興を果たしてきました。

　過去2回の噴火の記録を地図化した上で，教訓を読み取ってみたいと思います。

❶ 島原大変肥後迷惑―寛政の大噴火

　1791年（寛政3年）11月3日（旧暦10月8日），雲仙岳火山群の一つである普賢岳が，129年ぶりの噴火を起こしました。溶岩流や火砕流が発生し，島原の城下町からも見ることができましたが，直接的な被害はありませんでした。翌年3月ごろから火口が見渡せる高台には噴火見物の茶屋や酒屋が建ち並び，酔客によるトラブルが発生したため，藩では見物禁止令を出すほどであったといいます。

　のんびりとした雰囲気が一変したのは，4月21日（旧暦3月1日）から25日にかけての群発地震の発生でした。推定震度5弱～7の大きな地震が合計8回にわたって発生し，各地で地割れや地下水の渇水が見られました。藩主が家族や女中を連れて島原半島の西側に一時避難をすると，「殿様が逃げられた」ということで，武家や町人が相次いで城下を離れ，街道は人々でごった返しました。また，城下町の西にそび

写真❶　島原半島の概観（二宮書店「新デジタル地図帳 Ninomap」より）

えていた眉山では，何カ所かの地滑りが確認され，大規模な地滑りの発生による大災害の発生を予言する僧が現れると，藩ではこれを取り締まり，「噂話で人心を乱す」ことを憂慮した藩主は，群発地震が収まると再び島原城に戻りました。町人らも元の暮らしに戻り始めていた1792年（寛政4年）5月21日（旧暦4月1日），眉山の直下で大地震が発生し，山体崩壊が発生しました。

図2は，当時の記録を元に国土交通省がまとめた災害状況図を「地理院地図」上に表したものです。図3は，土石流の到達範囲に加え，津波が到達した集落と津波の高さをGoogle Earthで表したものです。

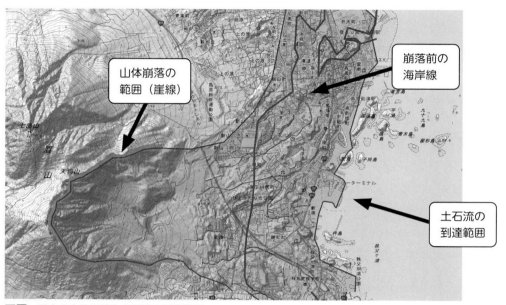

図2　眉山の山体崩壊と土石流の到達範囲
国土交通省九州地方整備局雲仙復興事務所（2003）[1]より作成

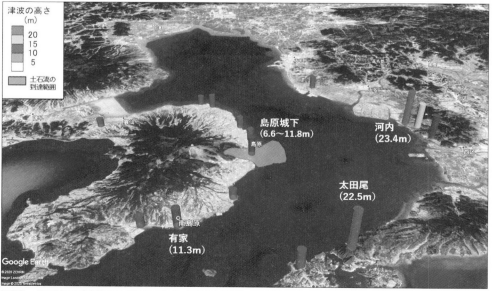

図3　土石流の到達範囲と津波の高さ（出典：図2に同じ）

津波は一旦，熊本側に到達した後，再び有明海をわたって島原城の南や島原半島の西側の佐賀県に近い所にも到達しました。津波による死者は，判明しているだけでも肥後藩領で4653人，島原藩領で9528人，天草地方で343人，合計14524人にのぼりました[2]。「島原大変肥後迷惑」と呼ばれた一連の災害は，日本の火山災害の歴史のなかで最悪の数の犠牲者を出しました。海岸に流れ込んだ土砂は九十九島と呼ばれる新たな島々を作りました。今も22の島が現存しています。

② 大規模火砕流による遭難─平成の大噴火

　寛政の大噴火から198年後の1990年（平成2年）11月17日，普賢岳は再び噴火しました。当初は噴煙や水蒸気を上げる小規模な噴火でしたが，翌年の1991年（平成3年）5月20日から火口から溶岩が噴出し，噴出物の一部が火口に溜まる「溶岩ドーム」がみられるようになり

ました。4日後の5月24日，溶岩ドームの一部が崩れて水無川方面への流れ込む火砕流が確認されました。5月26日に発生した火砕流では負傷者が発生したため，島原市災害対策本部では，初めて火砕流の危険に対する避難地域の指定を行い，対象地域の住民に対して避難を命じました。

　溶岩ドームを一望することができた上木場地区では，避難勧告発令後も報道関係者が集まり，崩落の瞬間や夜間の溶岩の様子などを競って撮影していました。島原市では5月29日と31日に避難勧告地域からの退去を要請しましたが，報道陣は立ち退くことはありませんでした。さらに，一部の報道関係者が，住人のいない家に侵入して電気や電話を無断使用するなどの事態が発生したため，6月2日に消防団が再び詰め所を置き，警察官も定期巡回を始めました。そうした矢先の6月8日午後4時8分頃，それまでにない規模の大火砕流が発生しました。

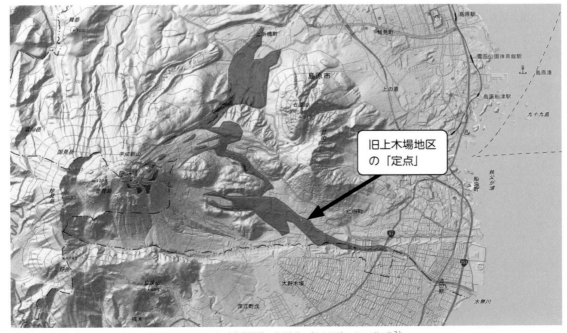

図4　平成の噴火における火砕流の発生範囲（全期間）内閣府（2007）より作成[3]

写真1 旧上木場地区の「定点」
（島原市ウェブサイトより）

写真2 火砕流で焼け焦げたタクシーの車両
（出典：**図2**に同じ）

　この火砕流では43人の方が亡くなりました。内訳は報道関係者16人，外国人の火山研究者3人，消防団員12人，警察官2人，報道関係者がチャーターしていたタクシーの運転手4人，一般住民が6人です。火砕流が正面に見えることから報道関係者が撮影拠点を設けていた旧上木場地区の「定点」は，災害遺構として保存がされていますが，今も原則立ち入り禁止の状態が続いています。

　1995年に噴火活動が収束するまでの間に，火砕流の発生は9432回に及び，住宅や学校の校舎を呑み込みました。また，火山灰性の土砂を含んだ土石流も頻発し，島原市内で合計891棟の家屋が全半壊しました。

❸ 二つの「大変」から読み取る教訓

　大規模な災害が発生する条件の一つとして，そこに多くの人がいた（いてしまった）ことがあります。歴史に「もしも」はありませんが，もしも避難が徹底できていれば，これほど多くの犠牲者が出ることはなかったと思われる災害です。「自分達は大丈夫だ」という思い込みが大きな被害をもたらした教訓は，時代を経て語り継いで行かなければならないことであると思います。

　2009年（平成21年），新潟県の糸魚川，北海道の洞爺湖有珠山とともに島原半島の全域が「人と火山が共生する大地」として日本で初めてユネスコの「世界ジオパーク」に認定されました。度重なる大災害を経験しながらも火山と人間が共生し，地形景観や歴史的な遺構を大切に守り続け，情報発信を続ける姿勢が高く評価されたものです。ジオパークの認定が継続されるためには，4年に一度の再認定審査が義務づけられていて，これまでに3回にわたり継続認定を受けています。これからも，ジオパークのパイオニアとして，防災教育をリードして行ってほしいものです。

1）国土交通省九州地方整備局雲仙復興事務所（2003）「島原大変」
2）片山信夫（1974）「島原大変に関する自然現象の古記録」，九州大学理学部島原火山観測所研究報告 9, 1-45.
3）内閣府（2007）「災害教訓の継承に関する専門調査会報告書1990-1995 雲仙普賢岳噴火」

3-21　水を失った水の国
（熊本県熊本市）

　2016年4月14日午後9時26分，熊本県熊本地方を震源とするマグニチュード6.5の地震が発生しました。熊本市の東隣の益城町で最大震度7を観測し，熊本市内でも震度5強〜6弱を観測しました。その後も強い余震が続き，最初の地震が発生してから28時間後の4月16日午前1時25分，最初の地震の規模を上回る地震が発生しました。震源は最初の地震から西北西に約4.5km離れた地点で，地震の規模は最初の地震を上回るマグニチュード7.3，最大震度は7で，熊本市内でも震度6弱〜6強を観測しました。これだけ短い間隔で震度7を記録する地震が相次いだのは，気象庁の観測史上初めての出来事でした。

　熊本市内の被害は，死者が64人，住宅の全壊が5,669件，大規模半壊が8,795件に達しました。また，熊本市では，市内全域で32万6873世帯の水道供給が17日間にわたって停止する被害に見舞われました。阿蘇山の地下水に恵まれ，2013年には，市の地下水保全の取り組みが国際連合の「生命の水（Water for life）都市表彰」で最優秀賞（水管理部門）を受賞するなど，自他共に認める「水の国」である熊本で発生した大断水。その原因と復興の過程から，災害時の水の確保について考えてみたいと思います。

 「水の国」熊本の地下水

　図**1**・**2**は，熊本市の地下水の流れを示した模式図です。世界最大級のカルデラ火山である阿蘇山（**写真1**）は，今から約27万年前から約9年前にかけて4回にわたって大噴火を起こし，有明海方面に向けて大火砕流を発生させました。阿蘇山西側の外輪山から熊本平野にかけてのなだらかな斜面は，溶岩の岩盤の上に火砕流の堆積物が層を成す形で積もってできたもので，堆積層の厚さは約100mに及びます。この堆積層は非常に水を通しやすい性質を持っており，伏流する地下水は所々で溶岩の岩盤でせき止められ，プールのような帯水層を形成していると考えられています。

　熊本市東部，熊本城の南にある江津湖は，阿蘇山の1回目の大噴火（約26.6万年前）から2回目の大噴火（約14.1万年前の間に形成された砥川溶岩層に溜まった地下水が湧出する場所です（**写真2**）。湧出量は40万トン／日におよび，湖底から湧き出す水が砂を巻き上げる「砂踊り」現象がみられます。

　図**2**の模式図には，山麓に武者人形のイラストと水田が描かれていますが，今から約400年前にこの地域を開墾させた，熊本城主の加藤清正にちなんでいます。清正は，白川の中流域に多くの堰と用水路を設置して水田を開きましたが，この地の水田は通常の水田の5〜10倍の水を地下に浸透させるため，結果的に熊本市内の地下水を豊かにすることに貢献しています。

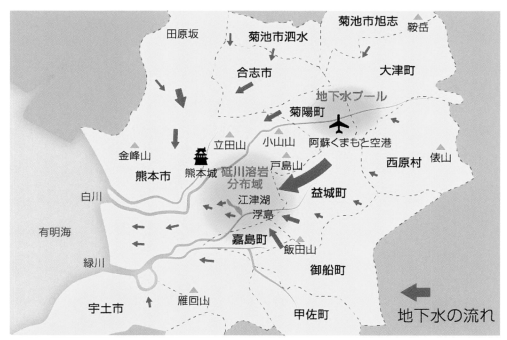

図1　熊本平野付近の地下水の流れ
（公益財団法人くまもと地下水財団ウェブサイトより，https://kumamotogwf.or.jp/）

**図2　熊本平野付近の
地下水の流れ②**
（出典は図1に同じ）

写真1　白川水源駅付近からみた阿蘇山
（KOROKICHIKUN ／ PIXTA）

写真2　江津湖の自噴井
（Kumako ／ PIXTA）

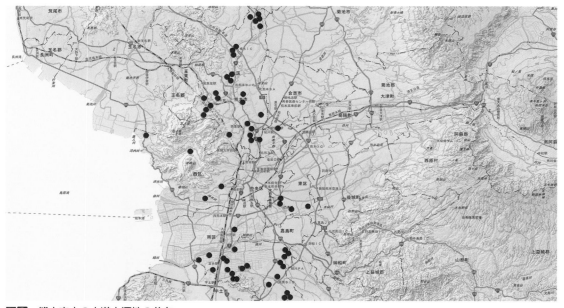

図❸　熊本市内の水道水源地の分布
（熊本市上下水道局（2018）『熊本地震からの復興記録誌』より作成）

❷　熊本市の水道と地震の被害

　図❸は，熊本市の水道の水源地の分布を示した地図です。熊本市の水道はすべて地下水でまかなわれています。水道の水源用の井戸は全部で112本あり，うち96本が通常運用に供されています。供給量は1日当たり約22万m³です。

　最も供給量が多いのが，江津湖の北にある「健軍水源地」です。11本の井戸を擁し，そのうち7本が自噴しています。供給量は6万m³/日で，この水源地だけで25万人分の水をまかなっている計算になります。浄水場はなく，くみ上げられた地下水は，配水池や調整池で法定の最低限度の塩素消毒がされ，総延長3,414km（2016年3月末現在）の水道管網を通じて各家庭に届けられています。

　2016年4月14日，熊本地震の1回目の地震（前震）で，市内の約8万5000戸が断水しました。原因は，96本の水源井戸のうち69本で規定値以上の汚濁が確認されたためです。これを受け，ただちに応急給水対策本部が設置され，

汚濁した水を手作業で排水する作業が行われた上で，福岡市など他市の技術応援を受けて給水管の破損状況のチェックと応急復旧作業が行われ，給水再開の目処が立ち始めた矢先の4月16日未明，再び震度6強の揺れが熊本市内を襲いました。今度は96本すべての井戸で汚濁が確認され，同日午前5時10分，市内全域32万6873戸への水道の供給が停止しました。

　市水道局では，最大の水源である健軍水源地および配水場の復旧を最優先に取りかかり，翌日の4月17日には濁度の解消がなされ，通水可能になりました。しかし，地震による配水管の損傷が激しく，復旧に時間を要しました。市のまとめによると，破損は幹線路である本管で440箇所，支管が272箇所，支管から各世帯へ配水する給水管で2,653箇所見つかりました。老朽化した水道管の破損による断水の長期化は，1995年の阪神淡路大震災以後，深刻な問題として認識されており，熊本市でも本管・支管において，耐震性のある基幹管路の導入を進めていました。2016年3月末の時点で，基幹

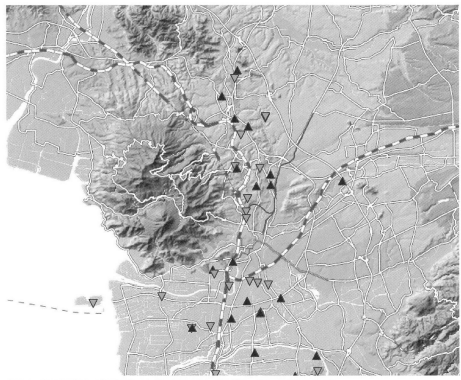

図4 熊本市内の「防災井戸」の分布（青：飲料用・橙：生活用水用）
（熊本市環境推進部水保全課「災害時における井戸水の提供について」より作成）

管路の設置率は74％（全国平均37.2％）に達していましたが，末端の給水管を含めた管路全体の耐震化率は24％に留まっており，今回の地震では，その弱点を突かれた形になりました。

全域断水から14日後の4月30日午後6時に断水は解消されましたが，水圧が回復せず，マンションの高層階で水が出ないといった事態がしばらく続きました。応急復旧が完了したのは本震発生から67日後の6月22日，水道が完全復旧してすべての給水所が撤収されたのが，地震発生から167日後の9月30日でした。

③ 見直される自家井戸 —長期断水への備え

2017年5月，熊本市は市内50の企業や病院などとの間で，災害時に各事業所が所有する自家井戸を「防災井戸」として市民に提供する協定を締結しました。**図4**は，熊本市内の防災井戸の分布図です。2021年3月末現在では，94箇所が登録されています。

市では防災井戸を飲料用と生活用水用に分け，飲料用では定期的に水質検査を行って水質を確認する一方で，生活用水用の井戸は，トイレの水洗などの利用を想定しています。水が豊富な熊本でも，地震により広域かつ長期間にわたる断水を経験しました。水道の水源地や浄水場，防災井戸などを地図化し，災害時の断水と対策をイメージすることで，「災害と水」を考えてみるのもよいかと思います[1]。

1）国土交通省国土技術政策総合研究所の「災害時協力井戸に関するリンク集」では，「防災井戸」の協定を結んでいる市町村の関係サイトへのリンクをまとめています。 http://www.nilim.go.jp/lab/feg/hp/ido/ido.html

3-22 川だけ地形図で戦後史を読む
（沖縄県那覇市）

　私が勤めていた学校では，毎年１月下旬に沖縄に修学旅行に行っていました。2015年，私が引率担当をした際にタブレット端末を持たせて街を歩くフィールドワークを企画しました。新旧の地図と，ローカル紙「沖縄タイムス」の古い記事や，生徒が切り抜いた記事を埋め込んで，現場で新聞記事を読む試みは，修学旅行の新しい研修の形として注目され，現在も続いています（**写真❶**）。

　その際，記者さんの案内で連れて行っていただいたのが，国際通りから牧志公設市場にかけて続く「ガーブ川」でした。川の上に建物があり，たくさんの店がひしめく「水上商店街」は，NHKの「ブラタモリ」那覇編でも取り上げられましたので，ご記憶の方も多いかと思います。当時は，新旧地図の比較と起伏などから川の流れ（今は大部分が暗渠になっている）を確認するしかなかったのですが，その後，便利なサービスが出てきましたので，紹介したいと思います。

写真❶ 「タブレットで修学旅行研修」を報じる記事
（沖縄タイムス，2015年2月1日）

❶ 暗渠もわかる「川だけ地図」

　「川だけ地図」（https://www.gridscapes.net/#AllRivers）は，㈶日本地図センターの竹村和弘氏が2014年から公開している全国の川のデータ集です。国土交通省の「国土数値情報」のデータをもとに，全国の河川の線データがあります。無料の地図閲覧ソフトの「カシミール３Ｄ」で，インターネットで公開されている地図を見る追加機能である「タイルマップ・プラグイン」をインストールすると，この「川だけ地図」と，地形の凹凸画像を組み合わせた「川だけ地形地図」が入ります。

　図❶は，「カシミール３Ｄ」で那覇市の中心部の「地理院地図」を開いた上に「川だけ地図」を重ね合わせたものです。このように，水面を見られる川だけでなく，地下の導水路を通る暗渠になっている川も実線で表示されます。「ガーブ川」付近を拡大すると，川の流路の上に細長い長屋状の建物があるのがわかります。これが「水上店舗」です（**図❷**）

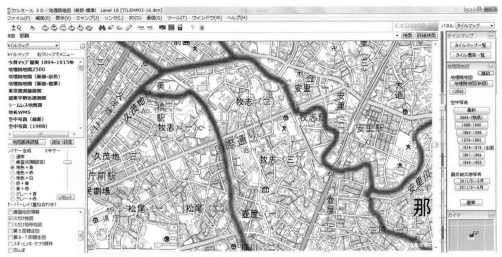

図**1** 沖縄市中心部の河川（カシミール3Dで表示）

長屋型の
水上店舗

図**2** 「水上店舗」（カシミール3Dで表示）

　沖縄戦の終結後（1945年6月），那覇市を占領した進駐軍は，那覇軍港から現在の国際通り周辺までを立入禁止区域にしました。市民は強制的に立ち退かされ収容所に暮らしましたが，生活に必要な日用品や食器が極度に不足し，1945年11月から，現在の牧志公設市場の南の「壺屋」地区に日中に限り陶器を作る職人らが入ることが許され，陶器の生産が再開しました。

　図**3**は，大正時代（1919年）の地図です。壺屋，牧志といった街がありますが，この当時はまだ「ガーブ川」はなく，人家もほとんどありません。ガーブ川は比較的新しく作られた人工水路であることがわかります。ちなみに，「ガーブ」とは，現地方言で「湿地帯」を意味する「ガーブー」から来ているといわれていますが，名護市の我部祖河地区との関連も考えられています。

図3　沖牧志・壺屋
付近（1919年）

写真2　1950年頃の水上店舗
（Wikipedia「牧志公設市場」より）

写真3　牧志公設市場（2015年撮影）

　1946年1月3日付で「壺屋区役所」が設置され，夜間もここに人が住めるようになると，付近には多くの人々が集まり，バラックや闇市が立ち並ぶようになりました。那覇中心部は依然として立ち入り禁止が続いていますので，湿地帯だろうが河川敷だろうが構わず，たくさんの住居や店が立ち並ぶようになりました。ガーブ川の川岸はもとより，川をまたいだ上にもバラックが立ち，「水上店舗」が生まれたのです（写真2）。

　街がにぎわう一方，ガーブ川流域は慢性的な水害に悩まされることになりました。特に台風のシーズンになると川はあふれ，低湿地帯は冠水します。水がひいても大量の泥にさらされ，

商品は台無しになり，食中毒も頻発したのではないかと思われます。市は水上店舗の店主らに再三立ち退きを命じましたが，店主側も激しく抵抗しました。そこで1960年，市が米軍から管理用地を借地する形で「牧志公設市場」が建てられました（写真3）。1972年に現在の建物が建てられています。ちなみに，ガーブ川を横切るメインストリートである「国際通り」は1933年に作られ，1950年代に舗装・拡幅工事がなされました。当時の新聞には「牧志のメインストリートの完成」として取り上げられています。

　空中写真の上に「川だけ地図」を重ねて比較してみます（写真4・写真5）。ガーブ川の左

写真**4** 空中写真（1974年）

写真**5** 空中写真（現在）

岸は，1974年当時の写真では，川に挟まれた低湿地帯に家が密集して立っていますが，現在は比較的大きなビルが建ち，緑地帯も増えています。区画整理や公園の設置がされ，防災対策がなされているようです。

② 展望とまとめ

　「カシミール３Ｄ」には，「マップカッター」という機能があり，これらの地図や空中写真を，位置情報をつけたままタブレットに移す事ができます。これを用いれば，地図や空中写真，新聞記事など様々な情報を１台の端末に載せて，「見えない川を見る」フィールドワークを行うことができると思います。

　河川改修や川の暗渠化が進み，普段そこに川が流れていることを意識しないまま都市生活を送っている人が多いように思います。しかし，水は見えなくすることはできても，川自体をなくすことはできません。集中豪雨などがあったとき，初めてそこに川の存在を知るようなことが増えているように思います。

　街のどこに川があるのか，どういう歴史をたどって今に至るのか，「川だけ地図」を地形図に重ねることで，いろいろと見えてくる景色があります。身近な地域はもちろん，修学旅行などで訪れる都市の事前学習の中に，GISと防災を取り入れる事ができるのではないでしょうか。

コラム3　海外の災害から：2023年マウイ島大火災

　2023年8月8日，アメリカのハワイ州で2番目に大きな島，マウイ島で山火事が発生しました。死者115名，行方不明者66名，約9万平方kmが焼失しました。

　マウイ島の面積（1,884km²）は，日本の都道府県では大阪府（1,899km²）とほぼ同じです。「THE TRUE SIZE OF」というサイトを使うと，世界の各地に日本列島のシルエットをおけますので，マウイ島の大きさや，中心都市ホノルルからの距離感がつかめます（**図1**）。

　図2は，アメリカのNASAと農務省（NSDA）森林局による山火事警報サイトによる延焼範囲の地図です。火災の原因については，訴訟を含めて検証が進んでいますが，島の地形的な要因（島の中央と西側の山地を挟んで東西で降水量が異なり，西側が乾燥しやすいこと。発災当時は干ばつに近い極端な乾燥に見舞われていた），気象的な条件（島の近くをハリケーンが通過し，強風が炎の到達を早めた），島の観光地化が進むなかで，かつて主力だったサトウキビ畑が放棄され，燃えやすい草地が拡がっていたこと，強風で送電線が倒れて出火原因になったとのこと（地元のマウイ郡が電力会社を提訴），通信手段が途絶えて住民への警報が遅れたとのこと（遺族がハワイ州とマウイ郡を提訴）などが指摘されています。

　局地的な猛暑や干ばつが頻発するなかで，世界的に山火事が増えています。林野庁によると，日本でも令和3年（2022年）の1年間で1,227件の山火事が発生し，789haの森林が焼失，3億5000万円の損害がありました。周辺住民に避難勧告が出された山火事は平成14（2007年）から令和5（2023）年までの16年間で19回発生しており，延べ2,064世帯・7,083人が対象になりました。

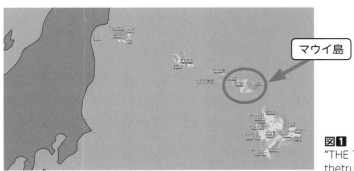

図1　マウイ島の位置と日本との面積の比較
"THE TRUW SIZE OF"(https://www.thetruesize.com/)より作成

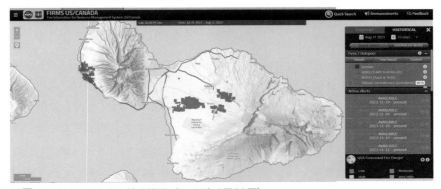

図2　マウイ島大火災の焼失範囲（2023年8月23日）
"Fire Information for Resource Management System US Canada"
(https://firms.modaps.eosdis.nasa.gov/usfs/map/) より作成

4章　地理教育と地理教員のこれから

─防災とGISから考える

4-1 希少な地理プロパー（地理屋）と その問題

　改めて必修化された高校の「地理」における教材作りについて，三つの柱の一つである地域の課題の検証，特に自然災害への対処（防災教育）を切り口にして教材作成のノウハウと，各地の事例を紹介してきました。最終章である本章では，実際に日々の授業を担当することになる教員をめぐる実情と，これからの展望について検討します。

❶ 若手の多くは「地理未履修」

　高校地理の必修化が盛り込まれた新しい学習指導要領（平成29年版）が発表されて以後，「地理を専門としない教員（ノンプロパー）が，その内容を十分に教えることができるのか？」という懸念を耳にします。地理教育に関する学会等で新指導要領についての話題が出る際には決まって取り上げられる話題です。

　高等学校で地理が必修から外され，「世界史」が必修，日本史か地理の選択履修」になったのは，1994年（平成6年）からです。多くの進学校では，生徒を文系・理系に振り分けた上で，地理は理系（特にセンター試験対策）に偏った選択を推奨し，文系は日本史か世界史を選択させ，地理は最初から選択肢にすら置かない形が長く続きました。2020年代の初頭で30代半ばより下の地理歴史科教員の多くは，高校で「地理」を学んでいません。興味があっても「学ぶ機会を与えてもらえなかった」のです。

　こうした実態は，未来の地理教育の中核を担う若い教員の採用や育成にも強い影響を与え続けています。表❶は，教育関係の専門紙である教育新聞社がまとめた2019年（令和元年）の各都道府県の教員採用試験結果から高校地理に関するデータをまとめたものです。「高校地理」単独で募集している府県のうち，志願者は多いところでも24名（大阪府），少ないところでは10名を切ってしまっています。「地理歴史」として一括募集している都道府県や，科目別の詳細を非公表としている県でも状況は同じかと思われます。

❷ 「ノンプロパー」批判は 天に唾すること

　地理を専門とし，長らく高校地理に関わってきた先生にとっては，中学校以来，「地理」の勉強をしてこなかった若手が必修の新科目を担当することに不安を持つことは当然だと思います。ただ，その原因は，約30年もの長きにわたって，「選択科目」の選択肢を狭め，それを正して来られなかった現場の責任でもあること改めて認識し，反省するべきだと思います。力量を不安視する気持ちは分かりますが，それを職場で声高に主張したり公の場で悲観的な論陣を張ったところで何のプラスにもなりません。

　私自身は，「高校地理必修化」を進める上で障害になるのは，ノンプロパー教員の力量不足よりもプロパー意識の強い先生の後ろ向きな姿勢ではないかと考えています。

　では，後ろ向きな姿勢とは何か，地理のプロパーとして陥りがちな思考にはどのようなものがあるのか，次項で考察を進めたいと思います。

表❶ 教員採用試験（地理歴史科／地理）の志願者数と合格者数（2019年度）

都道府県	志願者数				最終合格者数 （うち地理）
	地理	日本史	世界史	地理歴史合計	
北海道	16	74	27	117	29
青森県	非公表				−
岩手県	7	16	7	30	4(1)
宮城県	地歴共通			60	6
秋田県	地歴共通			30	2
山形県	5	23		28	3(1)
福島県	10	23	26	117	9(1)
茨城県	13	61	26	117	15(4)
栃木県	2	53		55	9(0)
群馬県	8	37	23	68	4(2)
埼玉県	地歴共通			207	29
千葉県	中高共通				
東京都	地歴共通			725	99
神奈川県	地歴共通			385	55
新潟県	地歴共通			38	2
富山県	中高共通				−
石川県	中高共通				−
福井県	中高共通				−
山梨県	非公表				−
長野県	非公表				−
岐阜県	19	62		117	11(4)
静岡県	14	94		117	15(4)
愛知県	−	−	−	60	24
三重県	−	−	−	61	3
滋賀県	−	64	34	61	12(0)
京都府	−	−	−	128	16
大阪府	24	107	72	203	25(4)
兵庫県	−	−	−	243	24（公民含む）
奈良県	−	−	−	62	3
和歌山県	−	−	−	43	4
鳥取県	17	−	−	68	2(2)
岡山県	12	31	22	68	7(2)
広島県	15	52	26	68	16(4)
山口県	11	28	15	68	8(3)
徳島県	−	−	−	34	3
香川県	非公表				−
愛媛県	−	−	−	53	7
高知県	−	−	−	35	2
福岡県	50	169		219	26(6)
佐賀県	6	17	10	33	3(1)
長崎県	12	23	10	45	4(2)
熊本県	−	−	22	22	2(0)
大分県	12	17	24	53	6(2)
宮崎県			19	19	1(0)
鹿児島県	−	−	−	48	4
沖縄県	−	−	−	96	3

「教育新聞」ホームページより作成

4-2 新科目の前では全員が「ニュープロパー」である

前項で触れた「地理のプロパー」について，もう少し検討してみたいと思います。

プロパー（proper）を辞書で引くと，特定の学問分野や技能に関する専門家という意味の他に，企業や業界の職務や製品を広く伝え，ニーズをくみ取る「営業担当者」という意味があります。よく使われる例では，"MR"とも呼ばれる「製薬会社のプロパー」があります。こうした意味から考えると，「地理のプロパー」は，単に地理学に関して深い知識や長い指導経験を持ち合わせているだけではなく，生徒はもとより社会に対して地理学をわかりやすく伝え，情報やニーズをくみ取って同僚や専門家につなぐ使命も帯びていると言えます。

ただ，実際に地理教育の世界で使われる「プロパー」，あるいは「地理屋」という表現は，本人の学歴や専門性，在職経験に基づく狭い意味で使われがちですし，そうでない人とは一線を画すことで自らの立ち位置を再確認するために使われているように思います。伊藤（2017）は，これを「オールドプロパー」と呼び，高校地理必修化に向けた変化に対して後ろ向きな姿勢を取りがちな地理プロパーの議論を批判しました。図**1**は，そのなかで示された旧来型のプロパー像（オールドプロパー）です。

高校地理が必修だった時代から，大学入試，とりわけ文系の私立大学の受験科目で地理を選択できるところは限られていました。また，日本の大学で地理学科，あるいは教員養成系など

で地理学を専攻できる所は限られています。そのため，地理学関係者の間では，大学入試を地理で受験したこと，大学が地理学専攻だった人同士での連帯意識が強くあります。そうでない人に対して一段低く見る傾向があります。教員採用後も，受験指導を中心にキャリアを積んできたのか否かも，互いの専門性や技量を測る尺度になっています。

好む好まざるを別として，必修化以後の高校地理を担う教員の大部分は「ノンプロパー」になります。また，多くの地理教員としてはこれまであまり経験のなかった複数の教員で同時展開していく担当する機会が増えます。初めて地理を担当する若手や他科目を中心に担当してきた教員が地理を教えること自信を持ち，地理教育全体を盛り上げて行くには，プロパーの教員自身がこれまで専門性のよりどころにしてきた自負（および排他性）から脱し，新たなプロパー観を持つ必要があります。これを「ニュープロパー」と呼びます（図**2**）。

「ニュープロパー」では，学術的な知識，経験が豊富なことに加え，自ら情報を集め，教材を開発する力が求められます。GISを使った教材作りや，アクティブラーニングを前提とした授業構成力もこの中に含まれます。更に，自身の作った教材やノウハウを同僚や他校の教員と共有する姿勢も必要です。料理人に例えるなら，腕の立つ「職人」としての誇りと技能だけでなく，常に顧客の動向を探り，素材を吟味しなが

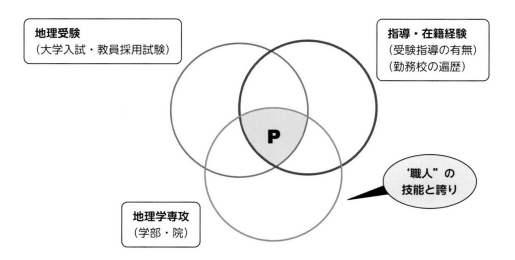

図**1** 「オールドプロパー」の構成三要素（伊藤：2017を一部改変）

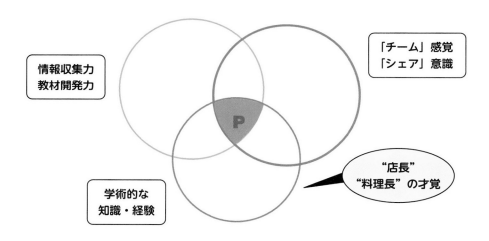

図**2** 高校必修化後の「ニュープロパー」の構成三要素（同）

らメニューを考案し，多くのスタッフを束ねて収益を挙げる「店長」あるいは「料理長」としての才覚が求められます。

「ノンプロパー」の教員が「ニュープロパー」をメンター（模範者）として成長して「ニュープロパー」となり，必修地理の授業を通じて地理に親しんだ生徒達が，更に次の世代の指導者を目指すようになるのが理想的な展開です。

伊藤 智章（2017）「必修化に向けた高校地理の改革－現場の実践と地理学教室への期待」，立命館地理学（29），11 ～ 19頁.

4-3 防災教育の分野は誰もが 「ニュープロパー」

新しい「プロパー」の観点から，本書の主題である「防災教育」とGISの分野で，新しい高校地理を教える教員の立ち位置を考えてみたいと思います。**図1**は，前項の「ニュープロパー」の概念を防災とGISの分野に当てはめて考察した図です。地理学の専門的な知識やGIS的な技能（赤い○）を持つ教員は，それだけで「プロパー」としての自負は持つと思いますが，それだけでは「ニュープロパー」ではありません。情報収集と教材化を行う能力（黄色い○）を持ち，生徒や同僚とチームを組み，地域に根ざした活動を継続的に行って初めて「ニュープロパー」と言えます。

言うは易く，行うは難しです。防災に関わる情報は，地図化できる情報に限ってみても膨大な量がありますし，各地の災害の歴史や今の暮らしや景観との関連を知るためには，郷土史の知見が欠かせません。多くの情報のなかから必要なものを取捨選択し，地図を描き，「学び」を得るための教材として再構成するためには，並々ならぬ努力と時間が必要です。日本や世界の災害に対してアンテナを張り続け，地図をはじめとした教材を作っていこうという姿勢は常に持ちたいところですが，誰もがすぐにできるものではありません。また，「地域との連携」と一口に言っても，何をどうやって連携したらよいのか，総合学習などの時間もあるのにわざわざ「地理」の授業のなかで取り組む必要があるのか？といった疑問も出てきます。

事例の一つとして，かつて筆者が勤務した学校と，地元の町内会との間で行った，GISを使った防災訓練の様子を紹介します（**写真**）。静岡県裾野市佐野2区は，JR御殿場線裾野駅から北に1.5kmほどの住宅街にある町内会です。2020年現在679世帯1594名の人口があります。毎年12月に行われる地区の防災訓練では，各班の班長が避難状況を報告し，異状箇所を紙で提出する形を取っていました。2014年に，タブレット（iPad）を使って各班の状況を写真で撮ったものを地図上で保管し，災害対策本部で共有する仕組みを作りました。"PDF Maps"というオフラインでも稼働できるアプリで，2500分の1のスケールの地図上に様々な写真を載せて共有できました。班長の補佐役として，高校生が付き，授業で学んだ操作のノウハウを生かしながら地図データベースを作りました。

防災教育自体は「地理」だけに課せられた義務ではありません。ただ，デジタル地理情報を使って地域の訓練や行事のサポートをしたり，地域のニーズに合わせてハザードマップを自作したり，生徒達に活動に参加させることなどができれば，それを行う教員の自信にも繋がります。地理プロパーの先生がすべてを取り仕切るのでなく，ノンプロパーの若い先生に企画や運営を任せ，地図作成の技術や資料の読解の助言はプロパーが担当するなどして役割分担することで，地域社会を巻き込んだ新たな地理教育が定着していくのではないかと思います。

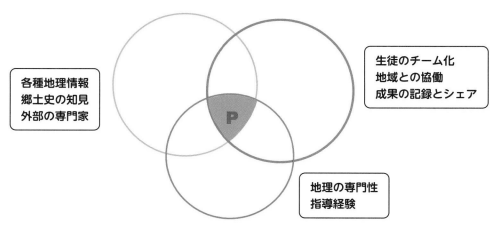

各種地理情報
郷土史の知見
外部の専門家

生徒のチーム化
地域との協働
成果の記録とシェア

P

地理の専門性
指導経験

図1　防災教育分野における地理教員の「ニュープロパー」的な関係性

写真　地域の防災訓練への地図およびGIS教材の提供例（静岡県裾野市佐野2区町内会）

4-4 「つながり」と「シェア」を深める

　新しい地理教育をけん引する「ニュープロパー」にとって，同僚や他校の同業者，地域や行政，研究機関など，様々な関係者とつながりを持つことが求められます。逆に，防災や地理情報を扱う関係機関は，これまで以上に学校や教員とのつながりを意識し，使いやすい資料や教材をシェアできるように，データの形や公開の方法を工夫してもらいたいものです。

　ここでは，教育現場とのつながりを強く推し進めている機関の事例を２つ取り上げます。現在までの到達点と課題を見たうえで，「ニュープロパー」教員が関係機関との関わりを深めていくには何をすればよいのかを考えます。

❶ 「地理教育の道具箱」（国土地理院）

　はじめに取り上げるのは，国土地理院の地理教育支援です。

　国土地理院は，外郭団体の「一般財団法人日本地図センター」を通じて地理教育の支援活動を行ってきました。教員向けの研修会の実施や地理地図専門指導者（マップ・リーダー）の養成講座の開催，「地理地図検定」の実施，電子地形図の活用ソフトの開発などです。

　2015年（平成27年）に，本庁内に院長・参事官・企画部長・測量新技術研究官と関係職員をメンバーとする「地理教育勉強会」が立ち上がり，具体的な支援策を企画・運用する職員らによる「地理教育支援チーム」が設置されました。地理教育をめぐる現状や現場のニーズを

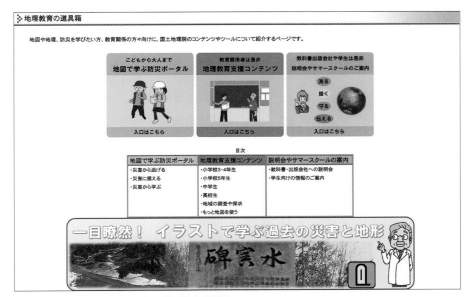

図❶　国土地理院「地理教育の道具箱」（表紙）
(https://www.gsi.go.jp/CHIRIKYOUIKU/)

聞き，支援策を検討する会議が7回開かれ，翌2016年（平成28年）に，国土地理院のホームページ内に立ち上げられたのが「地理教育の道具箱」（旧版）です。当初は，地形図や地理院地図を使った学習指導案や関連サイトへのリンクなどが中心でしたが，2019年4月に全面的に改訂されました（**図1**）。

地理が専門でない先生が「地理総合」で自然地理や防災について授業を行う上でよいヒントになるのが，サイト入口の下段にある「千鶴子・ハザマ博士」のコーナーです。災害が発生するメカニズムや，ハザードマップなどの関連資料へのリンク，過去に起きた災害の検証を通じて地図から読み取らせたい事象について，問答式

で分かりやすく紹介しています。

例えば，「地形から学ぶ災害危険性・洪水編」では，2015年（平成27年）9月に栃木県を中心に大きな被害を出した「平成27年9月関東・東北豪雨」を事例に，浸水地域が広域にわたった理由や，逃げ遅れた人が多数にのぼった背景，破堤後の浸水速度を速めた「天井川」地形の特徴と同様の河川の分布など，様々な地図や模式図を使って説明しています（**図2・3**）。

また，トップページから「地理教育支援コンテンツ」に進むと，「高校生」の項に「地理総合」に合わせた資料やリンクがあります。なかでも有用なのは，「過去の自然災害のようすを見る」と題した国土地理院の災害対応サイトへのリン

図2・3 「地形から学ぶ災害危険性・洪水編」の解説ページ

図4　地理院地図と動画のリンク（国土地理院・災害情報「写真・UAVで見る」）

クです。「写真・UAVで見る」のリンクを開くと，最近発生した災害について，国土地理院が撮影した現場の映像や空撮動画を地図上から選んで閲覧することができます（図4）。

② 切れ目のないハザードマップサイト（奈良大学）

次に紹介するのは，学生さんが作ったウェブGISです。2018年，奈良大学地理学科4回生（当時）の時枝 稜さんは，卒業論文のテーマを『2022年高等学校「地理総合」必修化におけるGISの活用と課題』とし，地理必修化を迎える高校の現場で使いやすいGIS教材を考えました。"SONIC"と名付けられたウェブコンテンツは，Speedy（素早く表示できる），Original（独創的なもの），Necessity（GISの必要性を知る），Interesting（GISの面白さを知る），Contents（コンテンツ）の頭文字をとっています[1]。

日本におけるGIS普及の歴史や諸外国（特にアメリカ）の状況を調べるなかで時枝さんは，日本のウェブGIS，特にハザードマップの公開の形や掲載されている範囲が自治体や関係機関毎にばらばらで，教材として利用しづらい状況を改善することを思い立ちました。

ハザードマップ作製の材料となる地理情報は，国土交通省の「国土数値情報」などで全国的に整備され，背景となる地図も全国切れ目のない形で閲覧が可能です。時枝さんはこれらの地理情報をGISソフトで集約させた上で，日本全国切れ目のない形で防災情報を閲覧できるウェブGISを構築しました。

図5は，"SONIC"で琵琶湖から大阪湾に至る淀川水系の，洪水予想水位を示した図です。

琵琶湖の南端（瀬田川）から宇治川，木津川，淀川と名を変え，いくつもの支流を合流させながら大阪湾に注ぐ淀川水系では流域の市町村がハザードマップを作り，各府県でウェブGISを整備しています。府県をまたぐ形で簡単に閲覧することは難しいですが，"SONIC"では簡単に表示することができます。また，避難所の位置や土砂災害危険区域など別のレイヤを重ねることもできます。使用しているGISは，汎用性の高いESRI社のArcGIS Onlineで，動作も軽く，スマートフォンでもストレスなく見ることができます。

"SONIC"では，ほかに「津波浸水想定区域」，「南海トラフ地震の最大想定震度」，「都市活断層図」を見ることができます。

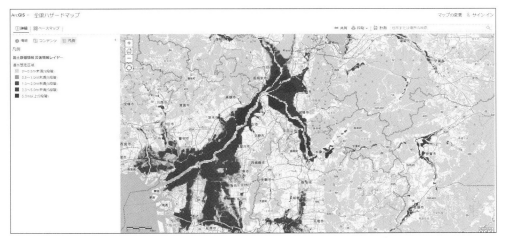

図5 淀川水系の浸水範囲と氾濫予想水位

③ つないだ情報を教材にし，いかに「シェア」していくか

このように，地理に関わりの深い行政機関や研究機関が，教育での活用を念頭に，地理情報を整理し「つなぐ」活動を進めて下さっています。「地理院地図」など，ウェブGISを操作する基礎的な知識があれば，かなり色々な教材を作ることができます。

ただ，既製の地図画像や，時には指導案までもネットから取り出して，当該の単元の授業を済ませるだけでは面白くありません。まずは自分たちの身近な地域の災害リスクや過去の地形や災害を学び，「他山の石」となるケースを学んだうえで，再び自分たちの地域で起こりうる災害と復興に向けた課題について検討することが理想です。とはいえ，日々忙しいなか，まったくゼロから企画を立て，マニュアルを書き，授業を組み立てていくことは現実的ではありません。

そこで改めてその役割を見直していきたいのは，各都道府県単位で存在する高等学校の教科別研究団体です。「地理歴史科教育研究会」などの名で組織され，県によっては「地理部会」「日本史部会」のように科目ごとで分科会を持って

います。これまでは，どちらかというと科目ごとの「プロパー」の先生が親睦を兼ねて年に1，2回集まり，外部講師の講演や巡検を行う程度のところが多かったと思われますが，SNSやオンライン会議が定着しつつある今，その気になれば常時情報の収集や共有ができる環境にあります。教材を共有できるサイトや掲示板などを設置し，地元の地図や歴史を素材にした教材を共同で作り，シェアすることができれば，防災教育に限らず，地理教育は間違いなく活性化します。国土地理院や国土交通省（各地方事務所）などの機関が音頭をとって，各県のコアとなる教員とともに共同制作してもよいのではないかと思います。

ネットワーク化が進んだ現在，教材は良い意味で「使い回す」時代に入っています。自分が作った教材のみで授業をするのではなく，誰かが作った教材をアレンジする，誰かが使うことを念頭に教材を作り，いつでも使えるような形で公開するなどすることで，地理教育は大いに活性化するのではないでしょうか。

1）http://www.nara-u.ac.jp/faculty/let/geography/news/2018/624

4-5　外国とのつながりを深める

① 「地理院地図」は世界に誇れるウェブGIS教材

国土地理院をはじめとする官公庁の地理情報の収集と整理，インターネットを介した情報発信の充実ぶりは，世界でも最先端の部類に入ると思います。ただ，惜しむらくはその情報の多くは日本語でしか発信されていない点です。

現在，日本語の読解能力のない外国人が利用できる地図は，ベクトルタイルを活用した英語，フランス語，韓国語，中国語（簡体字・繁体字）

による多言語表記の地図（図2）が試験公開されている段階で，日本語版のようなレイヤの重ね合わせは，現時点では未整備です。

たとえ英語表記がなされていなくても，建物の形や等高線が分かる地図にリンクさせるべきだと思いますし，凡例や操作パネルに関しては英語版を用意するべきだと思います。その上で，日本の教員と各国の教員が共通の地図プラットフォーム上で教材を共有し，各地の災害や地理について理解を深めあうことができれば理想的です。

図1　英語表記の日本全図（地理院地図）

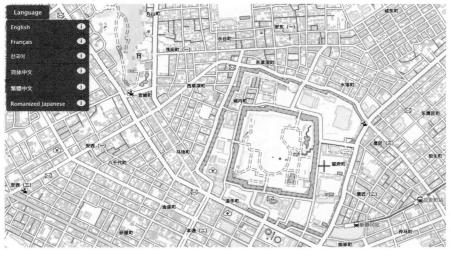

図2　外国人向け地図記号が使われ，地名の読み上げ機能もある。中国語（簡体字）表記による地図（国土地理院「多言語表記の地図」）

写真❶・❷　ハザードマップ作成の
ワークショップと防災地図の展示
（主催者ホームページより）

❷ 「地図を描いて共有し，ともに考える」文化を世界に伝える

　ハザードマップ（hazard map）という英語は，英語圏で決して通じないわけではないようですが，あまり馴染みのない言葉のようです。これを"Disaster Safety map"（災害安全地図）名付け，自ら作成する方法を世界に広めようとする団体があります。インターネットを介した教育支援を行う"iEARN"というNGOで，2005年から"Natural Disaster Youth Summit"（防災世界子ども会議）を開催しています（**写真❶・❷**）[1]

　阪神淡路大震災の発生から10周年を記念して神戸で行われた「防災世界子ども会議2005」のワークショップをきっかけに始まったもので，神戸を中心に高雄（台湾），豊田（愛知県），新潟，トリニダード・トバコ，トルコなどで開催されています。

　もともと，インターネットを使った遠隔教育で学校をつなぐ活動から始まった団体で，日常的な交流による防災学習や地図の制作による交流をしています。ウェブ上にある共通の地図と地理情報を使って各自が自分の国のハザードマップを描き，持ち寄って議論するような授業が普通に行われるようになるかもしれません。ICTの技術だけでなく，地理的な視点での分析や表現手法を共有していきたいものです。

1）「防災世界子ども会議」（https://ndys.jearn.jp/ja/index.html）

4-6 "ニュージオグラファー"との 連携・育成

① 「地図を描く」ことの変化

大学で地理学を専攻した一定の年代よりの上の方は，「製図実習」の思い出をお持ちかと思います。高価な製図ペンと定規，トレーシングペーパーを使って原図と格闘しながら地図を写し取り，塗り分けやハッチ（網目）をつけて地図を仕上げるのは，時間と忍耐が求められる作業でした。

ICTが普及し，地理情報が充実してきた現在，「地図を描く」こと自体ははるかに楽になり，作図の担い手も多様化しています。古橋（2016）[1] は，転機を2000年5月のアメリカのGPSの民間開放（それまで測位精度をわざと荒くする処理がされていました）とし，地理学や製図に関する専門教育を受けたことがない人がウェブ上で行われる地図の共同制作活動（"オープンストリートマップ"）に積極的に関ってい

る現状を取り上げて「ニュージオグラファー」と呼んでいます。

青山学院大学でオープンストリートマップやドローンによる測地法を教える古橋氏は，「世界中の人達が，伊能忠敬のように地図を描くようになる」といいます。独学で測地学や天文学を学び，日本中を旅しながら後世に残る地図を描き続けた伊能忠敬ですが，誰もが「地図を描ける」時代になっています。

② 「マッピング・パーティー」と 「クライシスマッピング」

オープンストリートマップ活動は，2004年にイギリスで始まりました。世界を統括するOSM財団が運営し，日本では2010年から活動が始まっています。

図1は，オープンストリートマップ・ジャパンのホームページの入口です。基本的な操作方法，各種イベント（「マッピング・パーティ」

図1 オープンストリートマップ（日本）表紙とマッピングパーティーの告知
(https://openstreetmap.jp/#zoom=5&lat=38.06539&lon=139.04297&layers=0BFF)

図2 "Tasking Manager"（日本語版）表紙
(https://tasks.hotosm.org/)

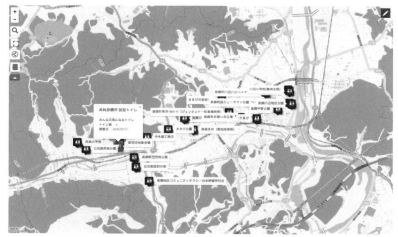

図3 オープンストリートマップを使った被災地支援用ウェブアプリ
倉敷市真備町の仮設トイレの配置
図：古橋（2019）

と呼ばれるフィールドワークと地図の共同作成を兼ねた催しなど）の告知があります。

大規模な災害が発生すると、「クライシスマッピング」のプロジェクトが立ち上がります。「Tasking Manager」というサイトを開くと、現在マッピングの支援を必要としているプロジェクトを一覧から探すことができます（図2）。

個人や団体による被災地向けの手段としてオープンストリートマップを使うことも可能です。図3は、西日本豪雨の被災地である岡山県倉敷市真備地区の住民、ボランティア向けの仮設トイレの配置図です。

教員自身、あるいは生徒らも巻き込んで「マッピング・パーティー」に参加し、学校のある地域でイベントを行って作図の技能を身につければ、いざというときにも役立ちます。身近な「ニュージオグラファー」とのつながりを作ること、新たな「ニュージオグラファー」を育成することも、これからの時代の地理教員の任務の一つなのかもしれません。

1）古橋 大地（2016）「クライシスマッピング—世界中の市民がつくる被災地地図」、学術の動向 21(11)、66p.
2）「オープンストリートマップ・ジャパン」https://openstreetmap.jp/#zoom=5&lat=38.06539&lon=139.04297&layers=0BFF
3）古橋 大地（2019）「2018年西日本豪雨におけるクライシスマッピング活動の現状」、日本地球惑星科学連合2019年大会発表要旨.

4-7 2032年の地理教育にむけて

2022年からの，高校地理再必修化によって地理教育はどう変わるのか，GISと防災の分野を軸に検討してきました。教科の内容，教材，人材育成から考えてみましたが，最後に新指導要領が実施されてから10年後の高校の現場を，やや悲観的に予測してみたいと思います。

❶ 高校地理教育の「ハザードマップ」

危機管理の世界では，何事も最悪の事態を想定した上でそれを回避するための具体策を考えよといいます。それに従って，私が考える最悪の事態を考えて模式図にしてみました。いわば「地理教育のハザードマップ」です（**図❶**）。

⑴ 履修機会の限定

現行の学習指導要領下で，普通科の進学校では「文系は日本史・世界史」「理系は地理」を選択する（他に選択肢はない）という指導が至極当然のように行われています。それが30年近く行われてきた結果，教員採用試験で「地理」を選択する受験生が激減している状況は本章の冒頭で見たとおりです。「地理総合」が必修化されても，選択科目である「地理探究」の位置づけが旧態依然のままでは，次世代の「地理プロパー」の不足は解消されません。**表❶・❷**は，ある教科書会社が策定した2022年以後の地理歴史・公民科のモデルカリキュラムです。

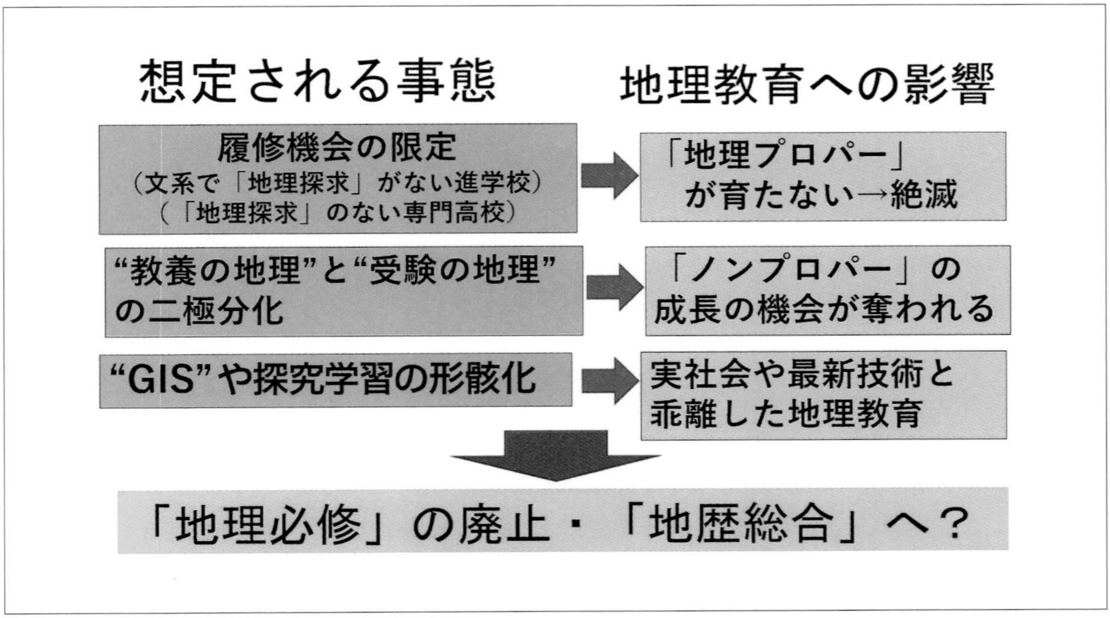

図1 「高校地理必修化」後に想定される事態と影響

表1　新指導要領下でのカリキュラム案①
（「地理総合」2年次履修）

1年次	2年次		3年次	
共通	文系	理系	文系	理系
歴史総合 (2)	地理総合 (2)			地理探究 (3)
公共 (2)	日本史探究 (3)		日本史探究 (3)	倫理 政治経済 (2)
	世界史探究 (3)		世界史探究 (3)	

表2　新指導要領下でのカリキュラム案②
（「地理総合」1年次履修）

1年次	2年次		3年次	
共通	文系	理系	文系	理系
	歴史総合 (2)			地理探究 (3)
地理総合 (2)	日本史探究 (3)		日本史探究 (3)	倫理 政治経済 (2)
公共 (2)	世界史探究 (3)		世界史探究 (3)	

　必修の「地理総合」「歴史総合」をそれぞれ別々の学年で履修した上で，理系は「地理探究」（3単位）を，文系は「世界史探究」ないし「日本史探究」を3単位ずつ履修するカリキュラムです。文系の生徒は，2年次で「世界史探究」，3年次で「日本史探究」のような形で2科目を履修することができますが，「地理探究」は最初から選択肢に置かれていません。学校によっては「世界史探究」「日本史探究」のクロス履修ではなく，「日本史探究演習」のような科目を設置して，2年連続で実質6単位かけて履修させるかもしれません。

　なぜ「文系の地理探究」を開講しないことが前提になってしまうのでしょうか。理由は，地理教員のプロパー意識の強さと，ノンプロパー教員が努めて地理を忌避する風潮にあります。ノンプロパー教員が地理を持ちたがらないから，地理の教員ができる限り多くの地理を担当する。地理プロパー教員は「地理総合」と理系の「地理探究」を担当すれば個人の持ちコマの上限に達するので，文系の「地理探究」は持てない。あえて文系の「地理探究」を開講するのならば，「地理総合」の一定数，あるいはすべてをノンプロパーの教員に任せることになるが，それはプロパー，ノンプロパー共に避けたい。結果として「文系では地理を履修させない」という現状の維持という形が採られるのです。

(2) 「教養の地理」と「受験の地理」の二極分化

　「地理総合」は，担当する教員の専門性，あるいは将来受験科目として利用する集団か否か

図2　普通科進学校の「地理総合」の扱い

によって扱う内容が大きく変わってしまう可能性があります。特に，受験科目として使わないことを前提としている集団（「地理探究」が履修できない文系クラスや実業校）では，「教養の地理」と称した教科書の内容すら満たさない自己流の実践が横行することが懸念されます。

図2は，普通科進学校において予想される「地理総合」の二極分化の模式図です。その学校のなかで数少ない「地理プロパー」の教員は，先述したように「地理総合」のすべての集団を担当することを求めますが，それがかなわない場合はノンプロパー教員と組んで教えることになります。これまでの「地理A」「地理B」の時代ならば，系統地理的な知識や地名・用語の理解を中心に共通のプリント教材を作って利用するなどの方策が取れましたが，探究的な学びやGISをはじめとした実習が中心となってくる「地理総合」ではそれが難しくなります。「地理探究」の内容に少しでも多くの時間を割きたい地理プロパー教員は，2年次の「地理総合」の時間を実質「地理探究」的な内容（旧来の「地理B」）で進めようとする一方で，受験に関係ない文系の「地理総合」集団に対しては，ノンプロパー教員の自由裁量に任せる形を取るかもしれません。専門外の「地理総合」を任される側も，「先生の好きなようにやっていいから。テストは別々で」と言われれば多少不安も解消されるかもしれませんが，その内容は，教科書の記述をただ追うだけの授業か，担当教員のよく言えば工夫に富んだ，悪く言えば学術的背景も系統性もない自己流の実践が横行する可能性があります。文系で「地理探究」を履修できなくても「地理総合」を履修していれば，地理に興味を持つ生徒が出てくるから大丈夫ではないか？という考えがあるかもしれませんが，その質は保証できません。

専門学科や総合学科高校では，「地理探究」を最初から開講せず，「地理総合」と「歴史総合」のみを履修させるカリキュラムを検討しているところが多くみられます。これらの学校では，地理歴史科の教員自体が少なく，専門に関わらず一人の教員がいくつもの教科を同時に担当することが常態化しています。最近はだいぶ聞かれなくなりましたが，教員によってはA科目の授業内容を「教養科目」と位置づけて教科書をほとんど使わずに，自身の興味・関心のある分野を徹底的に掘り下げて講ずる授業や，ひたすら「調べ学習」に時間を割いているような例も見受けられました。その学校にプロパー教員がいないなかで，ともすれば学習意欲の乏しい生徒を相手に「教養の地理」が横行してしまう可能性も捨てきれません。

新学習指導要領で廃止となった公民科の「現代社会」は，長い間学校や担当者によって内容に大きなばらつきがありました。多くの学校で1年次の必修科目として置かれ，一つの学年を複数の教員で担当しますが，共通のテスト問題の形を取らずに担当者の自由裁量に任せているような学校では，よく言えば工夫に富んだ，悪く言えば我流が横行しています。「地理総合」の担当者をどのようにして割り振るのか，担当者による内容のばらつきをなくすにはどうすればよいのか，実際にばらつきが出てきた際にどうフォローしていくのか，「地理プロパー」が強いリーダーシップを発揮することが求められます。

(3) 「地理総合」から「地歴総合」へ？

学習指導要領の改訂は10年に一度ですが，見直し作業は現行の学習指導要領が施行された年から始まり，施行から3年後にはその骨子が公表され，6年後には改訂された次の指導要領が公開されます。

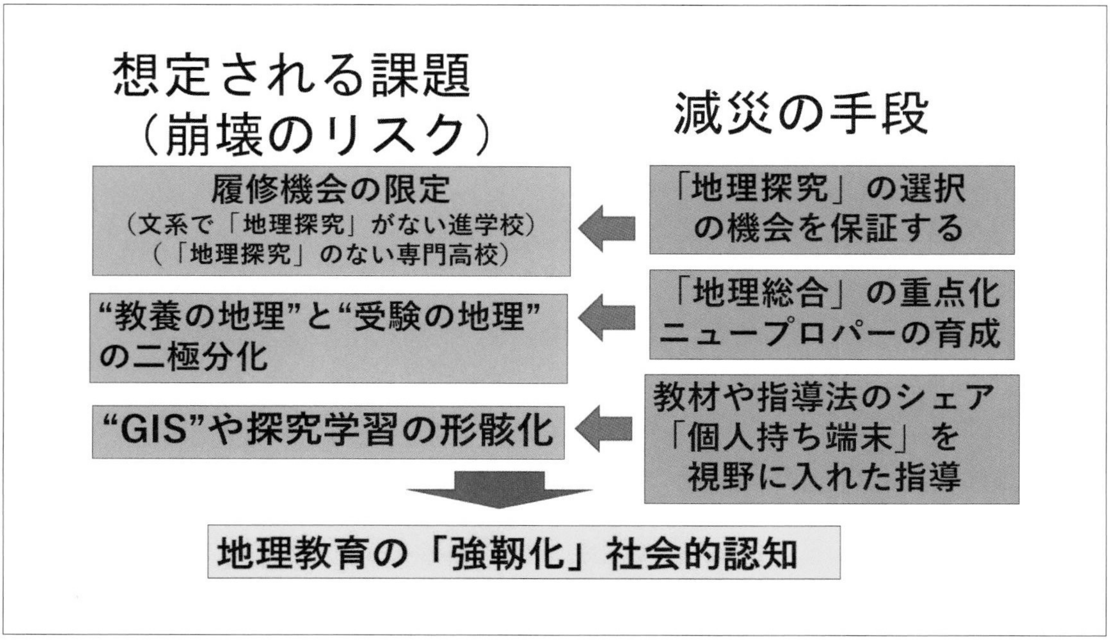

図3 必修地理崩壊のリスクと減災の手段

地歴科の新必修科目が「地理総合」「歴史総合」の2科目必修の形に落ち着く前，様々な別案があり，日本学術会議などで議論が重ねられてきました（山口：2008）[1]。特に最後まで有力だったのが地理と歴史の融合科目である「地歴総合」で，文科省が3年間の実証実験も行われています[2]。歴史科目の「時間数不足」を主張する声も大きくなると考えられるなかで，「地理必修」は全く別科目に変質する可能性も捨てきれません。

② 必修地理を定着させる「ロードマップ」

図3は，**図1**で示した課題に対する具体的な「減災」手段を示したものです。必修化された高校地理が失敗してしまうリスクを災害に例えることに賛否はあると思いますが，乾燥地の「塩害」同様に，よかれと思って行った大規模灌漑が，かえって土壌を劣化させてしまうような事態は避けなければなりません。

何よりも必要なことは，地理のプロパー教員自身が，これまでの慣習から脱することです。「地理屋」としての自負を持ち，自身がよい授業を作ってきたという状況から，自らの持つノウハウ可視化し，意識的に共有することで「地理を教える教員グループ」「地理を学ぶ生徒達」全体のレベルを上げていく努力が求められます。

プロパーの「料理長」の元に様々な人や地域の素材が集まり，どの教室でも生徒や教員が嬉々としてそれを料理し，次のプロパーが育っていく……そんな「高校地理」を築いていきたいものです。

1）山口幸男（2008）：「高校地理歴史科における地理と歴史の関連・融合について —地理教育の立場から」，学術の動向13(10),38〜42頁.
2）平成24年度研究開発実施報告書（要約）（京都府立西乙訓高等学校）
https://www.mext.go.jp/component/a_menu/education/micro_detail/__icsFiles/afieldfile/2014/02/25/1344096_08.pdf

あとがきに代えて

2024年1月末の時点で死者236名，住宅の損壊17,130棟（内閣府非常災害対策本部発表）の震災がありました。この稿を書いている今も，多くの方が過酷な避難生活を強いられています。被災地の皆様の一刻も早い安定と生活の復興を願うばかりです。

冬休みが明けた最初の「地理総合」の授業で，能登半島の地震にどう触れたらよいか，

何気なく机上の地図帳を眺めていた時，「あれ？地形もスケール感も地域的な課題も自然の恵みも，この辺（静岡県東部）にそっくりなんじゃじゃないか？」……何気ない気持ちで「ニノマップ」（二宮書店のデジタル地図帳）の画像を貼り付けてX（旧Twitter）でつぶやいてみたところ，大きな反響がありました。

X（旧Twitter）でのつぶやき（2024.1.5）

災害は，いつどこで起こるかわかりません。被害の大小にかかわらず，災害が起きた時，それをいかに「自分ごと」として捉えるか，捉えられるような教材を提供できるかが，地理の教員の腕の見せ所なのではないかと思います。授業のなかでGISや防災を取り上げる時間は限られてしまうのかもしれませんが，情報に対するアンテナを高め過去の事例と対比してみることで「地理プロパー」としての感覚が研ぎ澄まされる（錆びない）のではないかと思います。本書が皆様の地理感覚を研ぐ「砥石」となれば幸いです。

本書の元となる連載が始まったのが2014年の春，前の学習指導要領（平成20年版）が高校で始まる年でした。「初めて"地理情報システム"と"防災"が単元化された教科書に合わせて，現場の目線からノウハウや事例を提供しましょう」と始めたコラムが思いのほか息の長い連載となり，書籍の刊行が（地理A・地理B）の卒業シーズン，新課程の最初の受験シーズンと重なったことに奇縁を感じます。長きにわたって的確な助言と編集の労を取っていただいた二宮書店の齋藤竜太さんに深く感謝申し上げます。

伊藤 智章（いとう ともあき）

静岡県立高等学校地理歴史科教諭，日本地図学会・学校GIS教育専門部会主査，NPO法人「伊能社中」ティーチング・フェロー。

1973年静岡県生まれ。立命館大学大学院文学研究科地理学専攻博士前期課程修了。教育現場のニーズを踏まえ，「ほぼ無料」「教科書準拠」をモットーに，デジタル地図を使った教材と，作り方のノウハウを多数発表している。生徒からも同僚からも「いとちり先生」と呼ばれ親しまれている。

「ランキングマップ世界地理－統計を地図にしてみよう」（ちくまプリマー新書），「地図化すると世の中が見えてくる」（ベレ出版），「地図化すると世界の動きが見えてくる」（ベレ出版）などの著書がある。

2024年3月25日　初版第1刷　発行

著　者　　　伊藤 智章
発行者　　　大越 俊也
発行所　　　株式会社二宮書店
　　　　　　〒101-0047
　　　　　　　東京都千代田区内神田1-13-13
　　　　　　山川出版社ビル5階
　　　　　　Tel：03-5244-5850
　　　　　　　振替　00150-2-110251
印刷・製本　半七写真印刷工業株式会社